헬로메이플 코딩챌린지

가장 쉬운 블록코딩, 헬로메이플로 게임만들기!

이 책의 목차

01 헬로메이플 체험하기

004

02 출발! 헬로메이플~

012

03 유령을 피해 다른 맵으로 이동하기

020

07 좀비를 피해 음식 찾기!

051

08 몬스터 O/X 퀴즈

059

09 드론 레이싱 경기

066

13 마우스로 몬스터 잡기

091

14 방 탈출 게임 만들기

097

15 인물 퀴즈 만들기-1
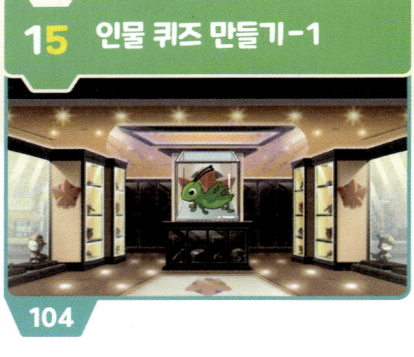
104

19 슈퍼 마리오-1

129

20 슈퍼 마리오-2

136

21 몬스터 지구 침공-1
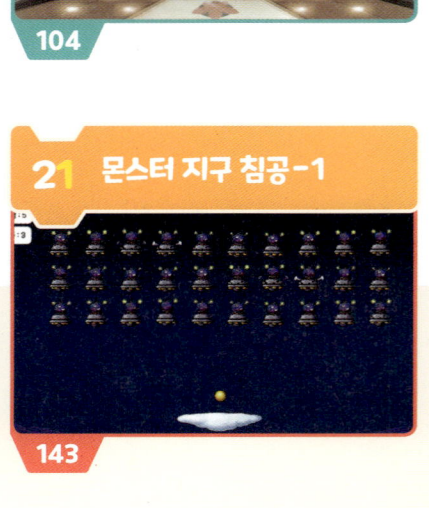
143

04 사다리를 이용하여 동전 모으기	05 포털을 이용하여 다른 맵으로 이동하기	06 포털을 이용하여 해저 탈출하기
 028	 036	 044
10 날아라 몬스터!	11 숨어있는 보물을 찾아라!	12 손가락 리듬 댄스
 072	 078	 085
16 인물 퀴즈 만들기-2	17 무한점프 몬스터 런-1	18 무한점프 몬스터 런-2
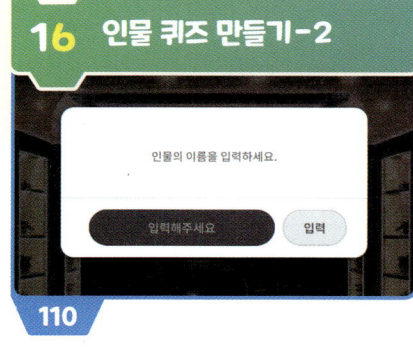 110	 116	 122
22 몬스터 지구 침공-2	23 몬스터 전쟁-1	24 몬스터 전쟁-2
 149	 155	 161

Challenge 01 헬로메이플 체험하기

◎ 헬로메이플 프로그램을 다운받아 설치할 수 있습니다.
◎ 헬로메이플을 실행하여 본인 계정으로 로그인할 수 있습니다.
◎ 튜토리얼을 이용하여 헬로메이플의 기본적인 기능을 학습할 수 있습니다.

📁 소스파일 없음   📁 정답파일 없음

미리보기

1. 시작의 마을
이동 조작 방법과 상호작용 방법을 배워볼까요?

2. 꾸미기 마을
다양한 오브젝트를 배치하여 마을을 꾸며볼까요?

3. 몬스터 마을
몬스터를 생성하고 이동시키는 방법을 배워볼까요?

4. 포털 마을
포털을 이용해 다른 맵으로 이동하는 방법을 배워볼까요?

5. 아이템 마을
조건문과 변수를 이용하여 아이템을 줍는 방법을 배워볼까요?

6. 슬라임 피하기 마을
블록코딩을 이용하여 아바타, 몬스터, 아이템을 코딩해볼까요?

용어 정리

구분	설명
NPC	게임 안에서 플레이어가 조종할 수 없는 캐릭터
아바타	게임 안에서 자기 자신을 나타내는 캐릭터
오브젝트	캐릭터(사람, 동물, 몬스터, 물건 등) 및 글자 등을 의미
월드	게임이 진행되는 곳을 의미하는 말로 하나의 게임이 곧 하나의 월드
맵	월드보다 작은 개념으로 하나의 월드 안에는 여러 개의 맵이 존재 (맵과 맵 사이는 포털로 이동)

헬로메이플 설치 및 회원가입

1 헬로메이플 사이트(www.hellomaple.org)에 접속한 후 **[PC앱 설치하기]**를 클릭하여 **바탕화면**에 저장해요.

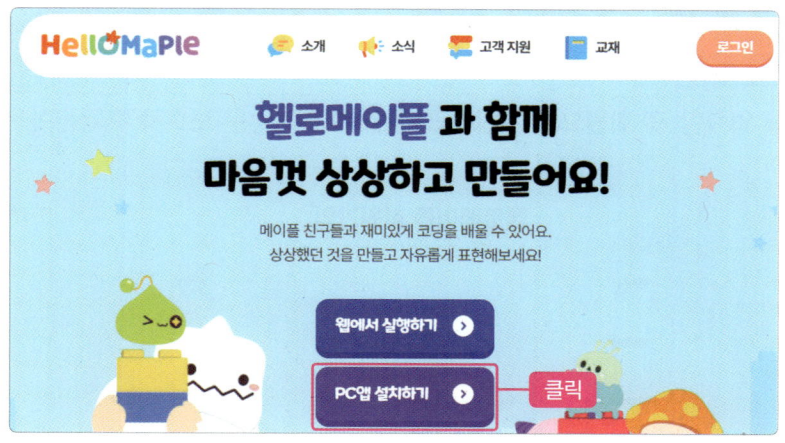

TIP 헬로메이플 프로그램을 조금 더 빠른 속도로 사용하기 위해서는 [PC앱 설치하기]로 클라이언트 프로그램을 설치해 주세요. [웹에서 실행하기]는 태블릿 사용자를 위한 환경으로 PC 사용자에게는 추천하지 않아요.

2 바탕화면에 저장된 **HelloMapleInstaller.exe** 파일을 더블클릭하여 프로그램을 설치해요.

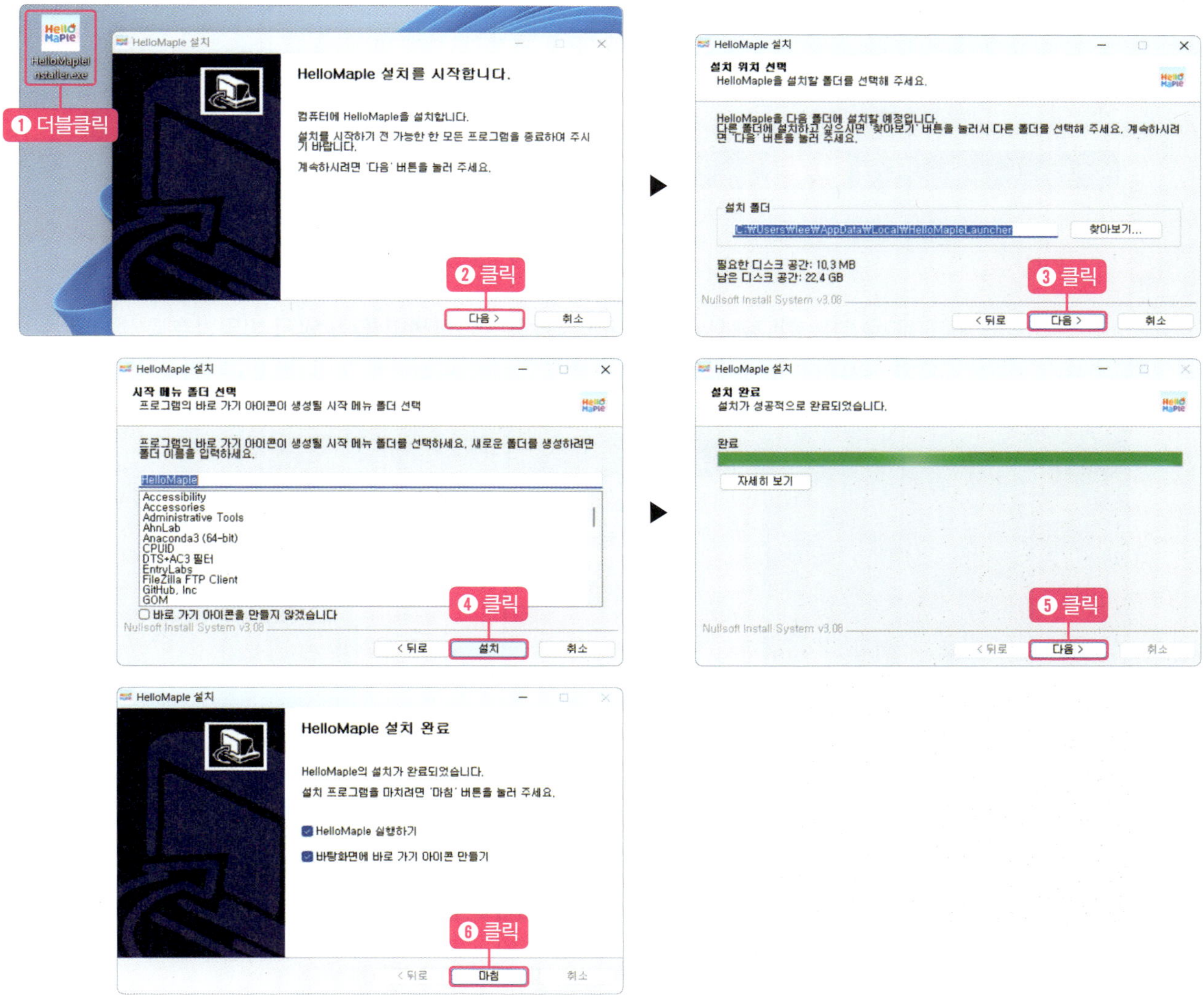

01 헬로메이플 체험하기 5

 **레벨 Up** 헬로메이플 계정 생성

① 헬로메이플 사이트(www.hellomaple.org)에서 **[회원가입]**을 클릭해요.

② 회원가입 창이 나오면 필요한 정보를 입력한 후 회원으로 가입해요. 단, 14세 미만은 보호자 휴대전화 인증이 필요해요.

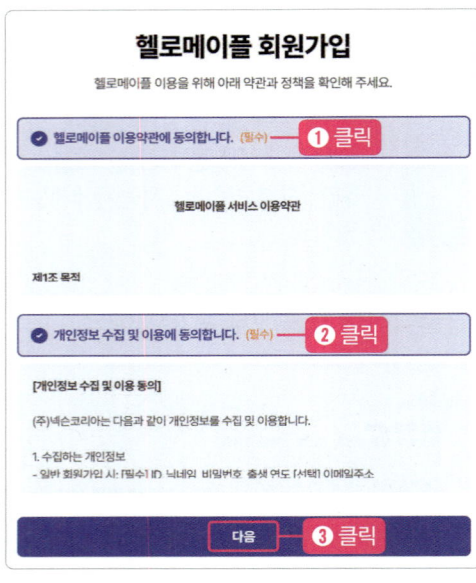
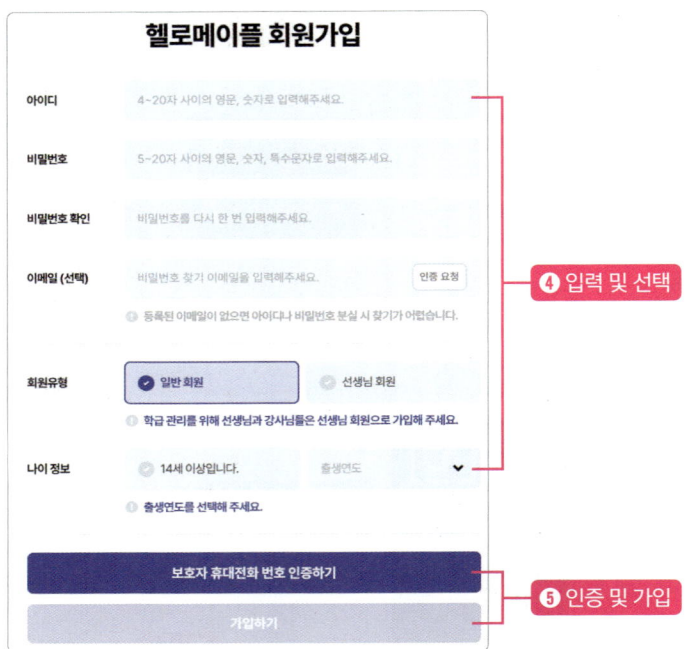

③ 집체 수업(방과 후 교육)을 하는 학교에서는 선생님이 일괄적으로 학생의 **ID**와 **임시 비밀번호**를 생성할 수 있어요. 단, 해당 기능을 사용하기 위해서는 헬로메이플에 **선생님 회원**으로 미리 가입이 되어 있어야 해요.

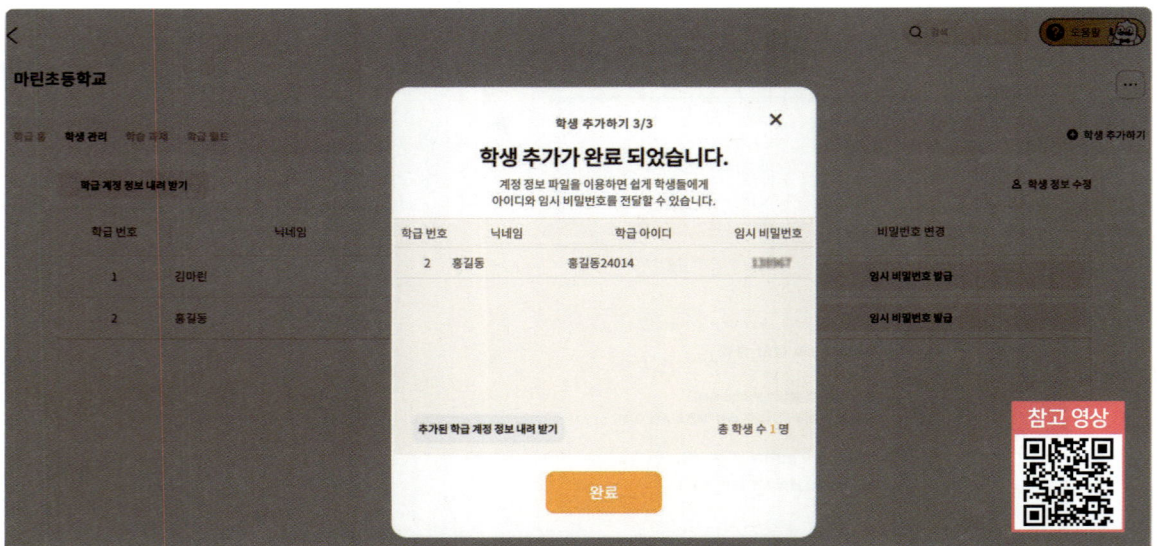

 **헬로메이플 실행 및 로그인**

1. 바탕화면의 **HelloMaple** 바로 가기 아이콘( )을 더블클릭해요.
2. 헬로메이플이 실행되면 **<시작하기>**를 클릭한 후 본인의 **아이디**와 **비밀번호**를 입력해요.

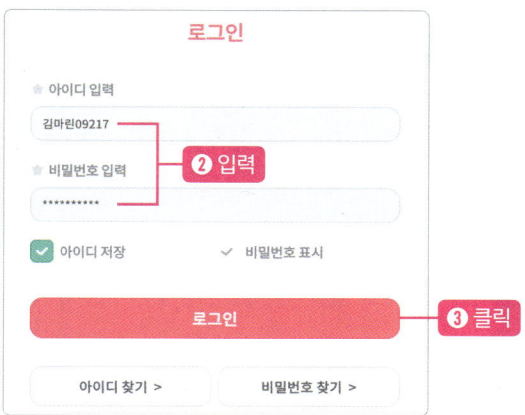

TIP 선생님이 일괄로 생성한 학생 계정으로 처음 로그인 시, 비밀번호 설정 화면이 표시됩니다. 새로 설정한 비밀번호는 꼭 기억해 주세요!

Step 03 **'시작의 마을' 튜토리얼 미션 수행하기**

1. 왼쪽 메뉴에서 **배우기**를 클릭해요.
2. 6개의 튜토리얼이 나오면 **1. 시작의 마을**을 선택한 후 **<새로 시작>**을 클릭해요.

3. [1단계] 튜토리얼이 시작되면 미션 내용을 마우스로 클릭하여 확인해요.

4 미션이 시작되면 지시 사항에 맞추어 문제를 해결해요.

TIP 1개의 튜토리얼은 여러 개의 단계로 나누어져 있습니다. 각 단계마다 미션 내용을 확인하여 작업해 보세요!

5 [1단계] 튜토리얼이 끝나면 <다음 튜토리얼 마을로 이동하기>를 클릭해요.

Step 04 '꾸러기 마을' 튜토리얼 미션 해결하기

1 [2단계] 튜토리얼이 시작되면 미션 내용을 마우스로 클릭하여 확인해요.

2 미션이 시작되면 지시 사항에 맞추어 문제를 해결해요.

3 [2단계] 튜토리얼이 끝나면 <다음 튜토리얼 마을로 이동하기>를 클릭해요.

Step 05 '몬스터 마을' 튜토리얼 미션 해결하기

1 [3단계] 튜토리얼이 시작되면 미션 내용을 마우스로 클릭하여 확인해요.

2 미션이 시작되면 지시 사항에 맞추어 문제를 해결해요.

3 [3단계] 튜토리얼이 끝나면 <다음 튜토리얼 마을로 이동하기>를 클릭해요.

Step 06 '포털 마을' 튜토리얼 미션 해결하기

1 [4단계] 튜토리얼이 시작되면 미션 내용을 마우스로 클릭하여 확인해요.

2 미션이 시작되면 지시 사항에 맞추어 문제를 해결해요.

3 [4단계] 튜토리얼이 끝나면 <다음 튜토리얼 마을로 이동하기>를 클릭해요.

Step 07 '아이템 마을' 튜토리얼 미션 해결하기

1 [5단계] 튜토리얼이 시작되면 미션 내용을 마우스로 클릭하여 확인해요.

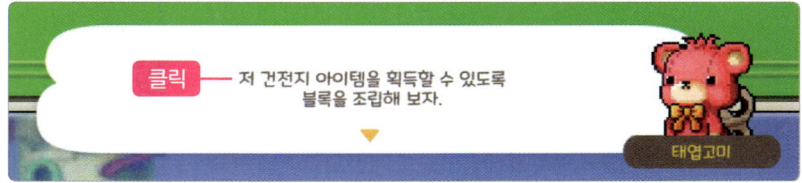

2 미션이 시작되면 지시 사항에 맞추어 문제를 해결해요.

3 [5단계] 튜토리얼이 끝나면 <로비로 나가기>를 클릭해요.

TIP 6단계 튜토리얼은 난이도가 살짝 높아요. 코딩에 자신 있는 친구라면 한 번 도전해 보세요!

Challenge 02 출발! 헬로메이플~

- 아바타를 예쁘게 꾸밀 수 있습니다.
- 컴퓨터에 저장된 월드 파일을 불러올 수 있습니다.
- 헬로메이플의 기본 기능을 익힐 수 있습니다.

미리보기

📁 소스파일 2차시 소스파일.mod　　📁 정답파일 2차시 정답파일.mod

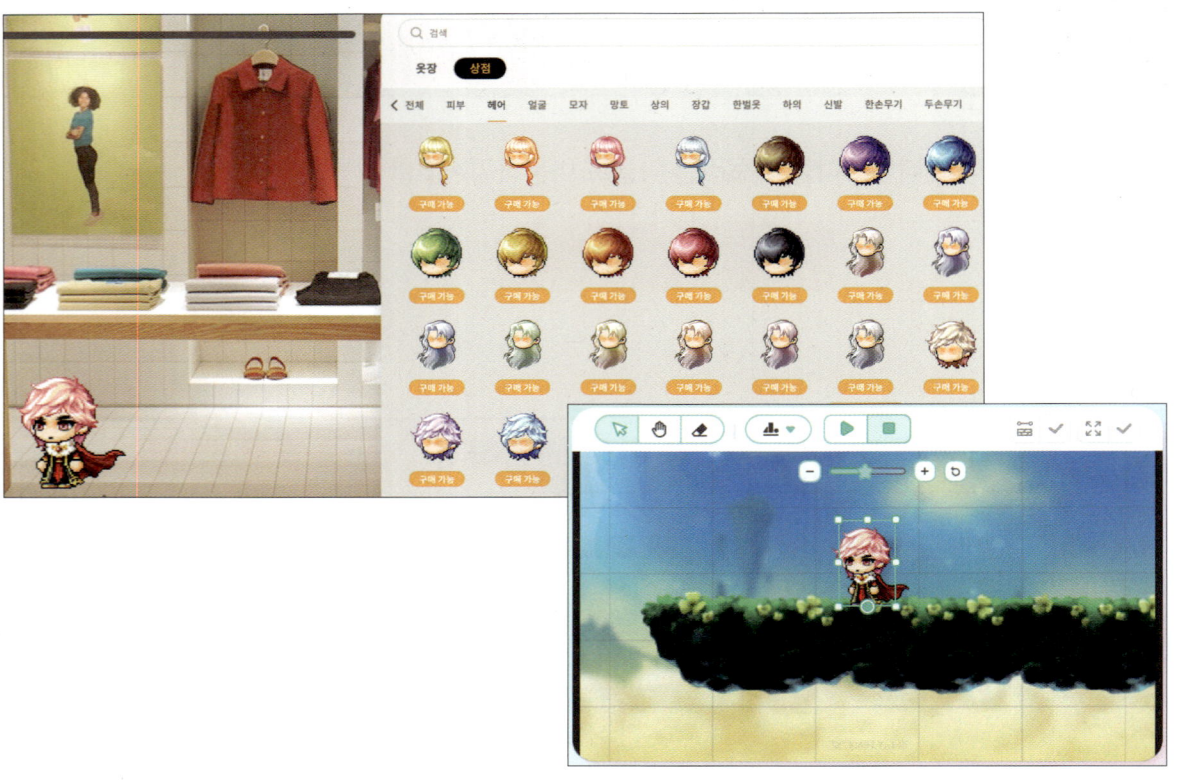

주요 학습 내용

구분	학습 내용
아바타 꾸미기	상점에서 원하는 아이템을 선택하여 아바타 꾸미기
월드 파일 불러오기	컴퓨터에 저장된 월드 파일을 불러와 서버에 저장하기
기본 기능 익히기	실행화면 크기, 커서, 시작 및 멈추기, 발판 정보, 전체 화면 등
실행화면 제어	화면 위치 및 크기 변경
오브젝트 제어	오브젝트 선택, 이동, 크기 변경, 삭제 등
맵 전환	다른 맵으로 전환
배경	배경 변경

 **아바타 꾸미기**

1. 바탕화면의 **HelloMaple** 바로 가기 아이콘( )을 더블클릭해요.
2. 헬로메이플이 실행되면 **<시작하기>**를 클릭한 후 본인의 **아이디**와 **비밀번호**를 입력하세요.

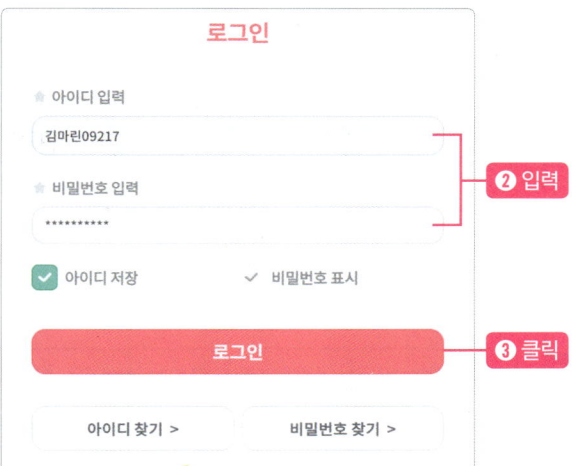

3. 왼쪽 메뉴에서 **아바타**를 클릭해요.

4. 아바타 상점으로 이동되면 원하는 아이템으로 꾸며본 다음 **<구매>-<구매>**를 클릭해요.

▲ 아이템 선택

레벨Up 아바타 꾸미기

상점의 모든 아이템은 무료로 구매할 수 있어요. 구매한 아이템은 [옷장]에 자동으로 저장되며, [옷장]을 클릭하면 구매 목록 중 원하는 아이템으로 아바타를 다시 꾸밀 수 있어요!

Step 02 컴퓨터에 저장된 월드 파일 불러오기

1 [만들기]-[학급]-<새로 만들기>를 클릭한 후 화면이 바뀌면 <새로 만들기>를 클릭해요.

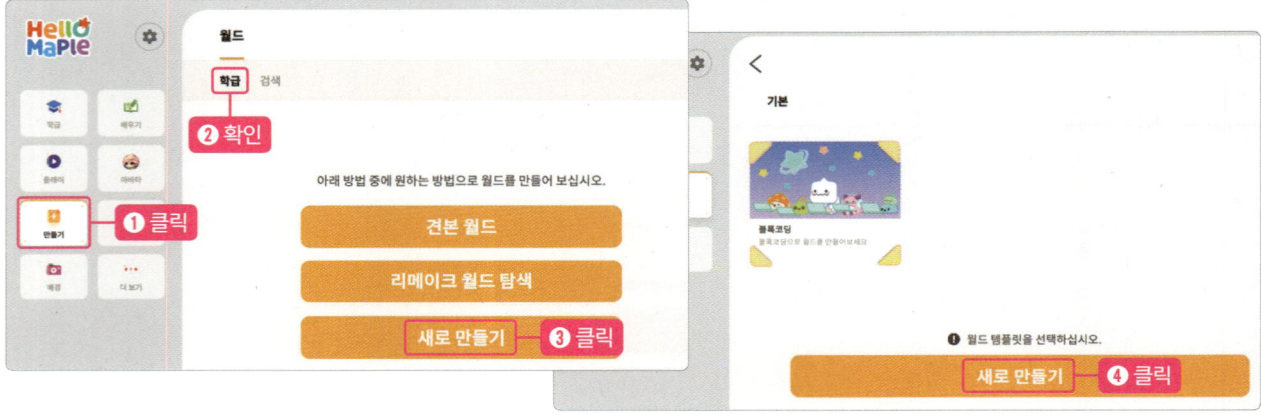

TIP 1개라도 '월드'가 추가되어 있는 경우에는 우측 상단의  를 클릭해야 해요.

2 '월드'가 열리면 **시작하기(▶)**를 클릭하여 좌-우 방향키(←, →)와 Space Bar (점프)를 눌러 보세요. 아바타 조종 연습이 끝나면 **멈추기(■)**를 클릭해요.

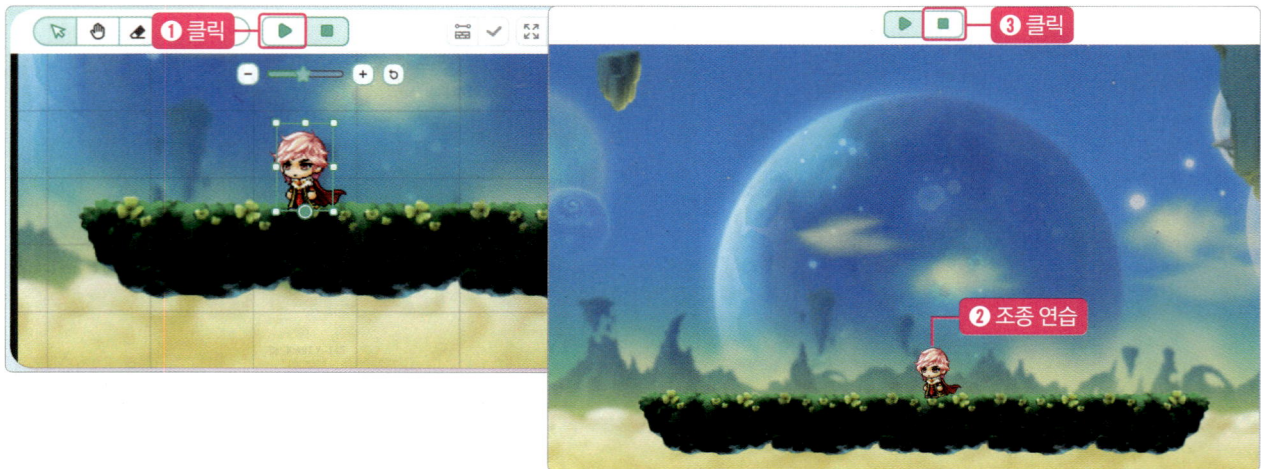

레벨Up 아바타에 작성된 기본 코드 살펴보기

① 헬로메이플에서 제공되는 아바타에는 다음과 같이 기본 동작을 위한 코드 가 미리 작성되어 있어요.

② `아바타로 만들기` 블록은 별도의 코딩 없이도 캐릭터를 이동, 점프, 공격 등을 가능하게 해줘요.

3 컴퓨터에 저장된 월드 파일을 불러오기 위해 **[파일]-[컴퓨터에서 불러오기]**를 클릭한 후 [소스 및 정답 파일]-[소스 파일] 폴더에서 **2차시 소스 파일**을 불러와요.

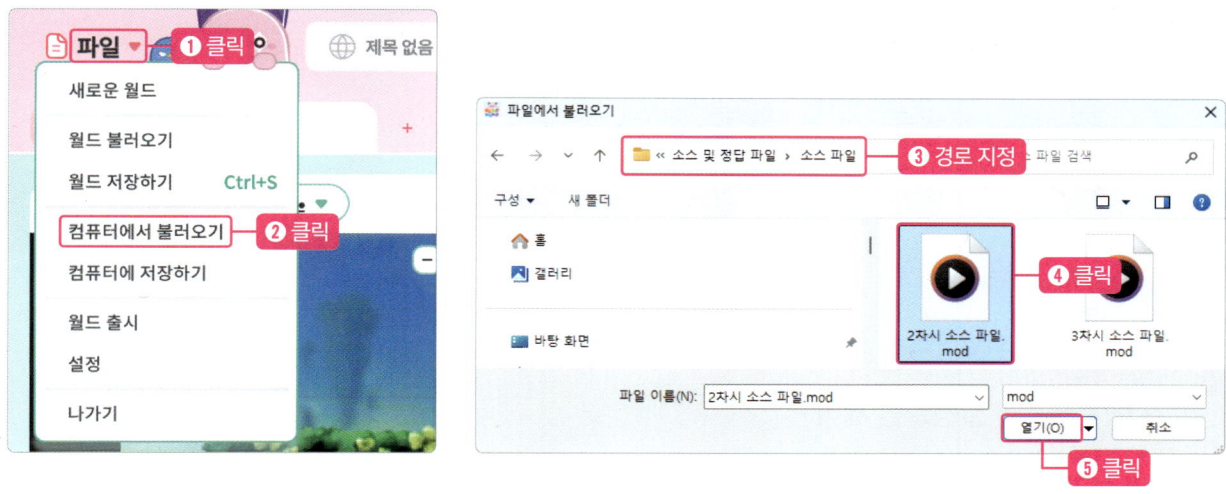

4 서버에 저장할 월드 이름을 입력(2차시)한 후 <확인>을 클릭해요.

TIP 컴퓨터에 저장된 월드 파일을 불러올 때는 인터넷 속도에 따라 시간 차이가 발생해요.

Step 03 헬로메이플의 기본 기능 익히기

1 파일이 열리면 실행화면을 축소한 후 전체적인 맵 구조를 확인해요.

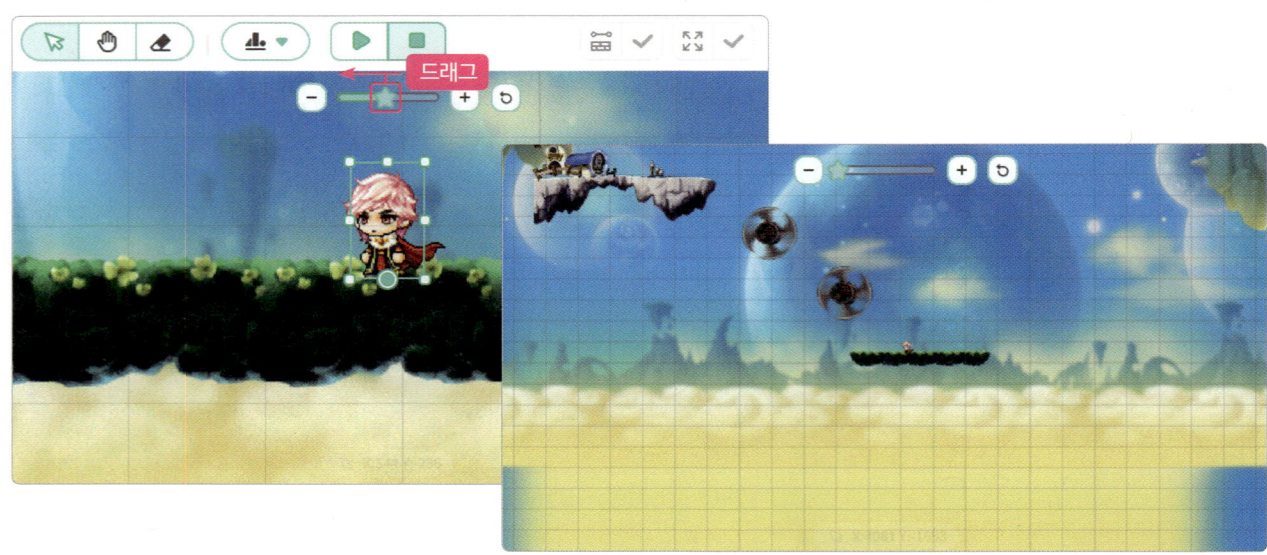

레벨Up 실행화면 제어

❶ 화면 보기

⊖ (축소)	클릭하여 실행화면을 축소할 수 있어요.
⊕ (확대)	클릭하여 실행화면을 확대할 수 있어요.
(확대/축소)	드래그하여 실행화면을 확대 및 축소할 수 있어요.
↺ (초기화)	기본 화면 크기로 초기화할 수 있어요.

❷ 커서

▧ (기본 커서)	실행화면 안에 있는 오브젝트를 선택할 수 있어요.
✋ (화면 이동 커서)	실행화면의 시점을 이동할 수 있어요.
⌫ (지우개 커서)	실행화면 안에 있는 오브젝트를 삭제할 수 있어요.

❸ 실행 및 종료

▶ (시작하기)	플레이를 시작할 수 있어요.
■ (멈추기)	플레이를 멈출 수 있어요.

❹ 기타

✓ (발판 정보)	발판 오브젝트에 아바타가 걸을 수 있는 선을 표시해요.
⛶ ✓ (전체 화면)	실행화면을 전체 화면 크기로 변경할 수 있어요.

2 실행화면을 적당하게 확대한 후 **화면 이동 커서**( )를 선택해요. 실행화면을 드래그하여 위쪽 건물로 이동한 후 **발판 정보**( )를 클릭하여 위치를 확인해요.

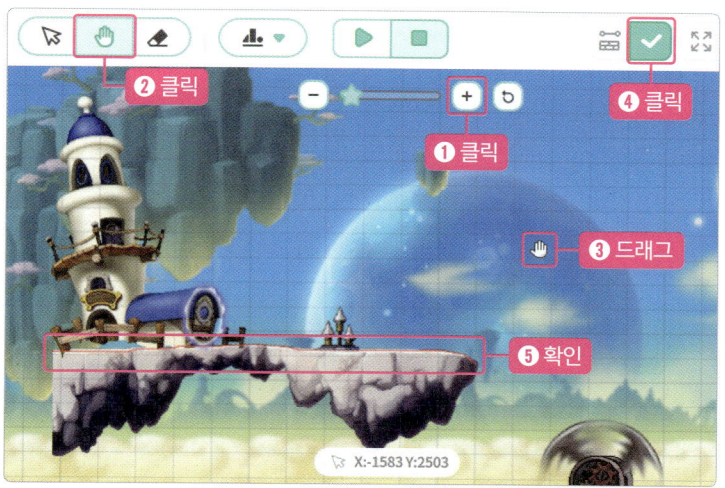

TIP 실행화면 아래쪽에는 현재 커서의 X-Y 좌표 값(X:-1583 Y:2503)이 표시돼요.

3 **기본 커서**( )를 선택한 후 **세 개의 창**을 드래그하여 위치를 변경해요. 이어서, 조절점을 드래그하여 크기를 변경해요.

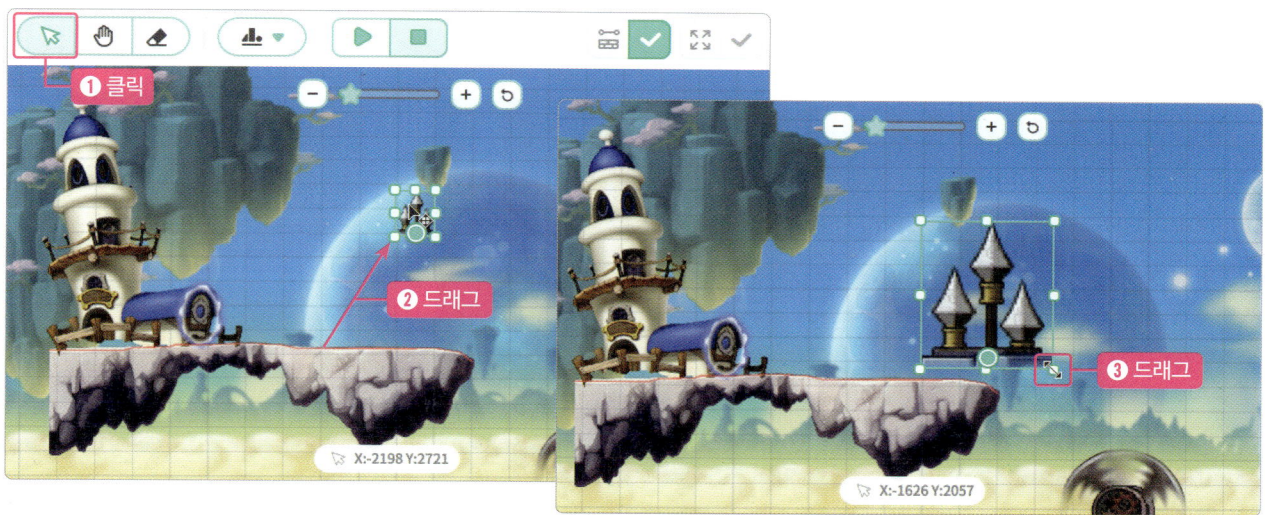

4 **세 개의 창**이 선택된 상태에서 Delete 를 오브젝트를 삭제해요.

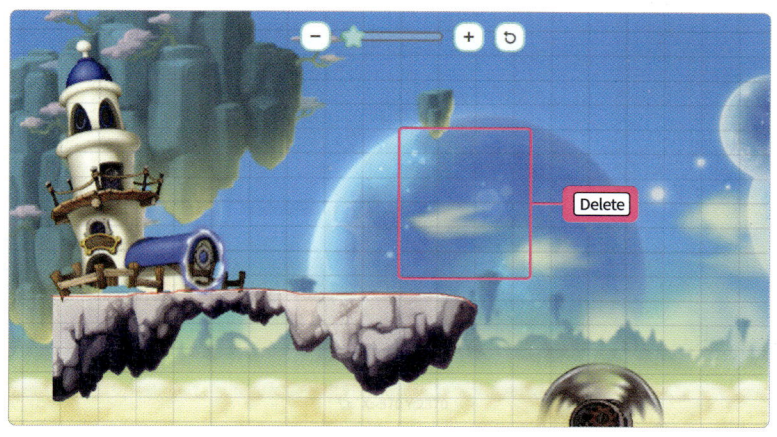

TIP 지우개 커서( )를 이용하여 오브젝트를 삭제할 수도 있어요.

02 출발! 헬로메이플~ 17

Step 04 맵 전환 및 배경 변경하기

1 [map02]를 클릭한 후 저장 대화상자가 나오면 <예>를 클릭해요.

2 [map02]로 전환되면 [배경] 탭을 선택한 후 **배경 고르기(◉)**를 클릭해요.

TIP 배경 종류는 '템플릿', '단색', '웹'이 있어요.

3 여러 가지 배경 종류가 나오면 **들판2**를 클릭한 후 변경된 배경을 확인해요.

TIP '들판2' 배경이 보이지 않을 경우 오른쪽 스크롤바를 내려서 찾아보세요.

 **파일 저장하기**

1 서버에 저장하기 위해 **[파일]-[월드 저장하기]** 를 클릭해요.

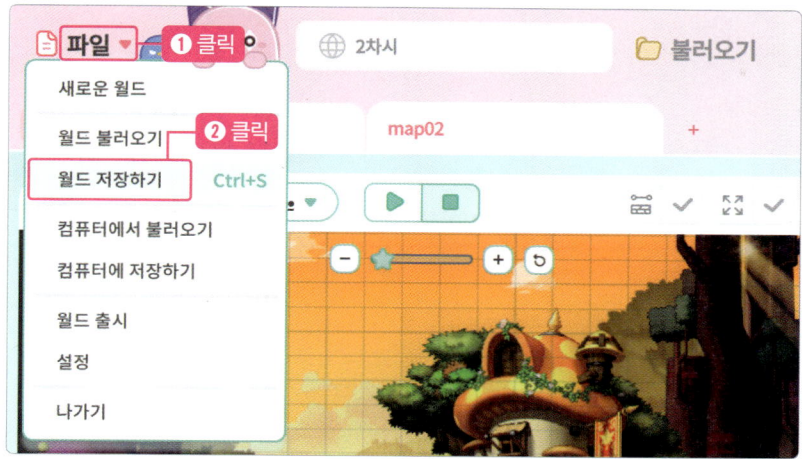

TIP 서버에 저장된 월드 파일은 [만들기]-[학급]에서 확인 및 수정할 수 있어요.

2 컴퓨터에 저장하기 위해 **[파일]-[컴퓨터에 저장하기]** 를 클릭하여 바탕화면에 저장해요.

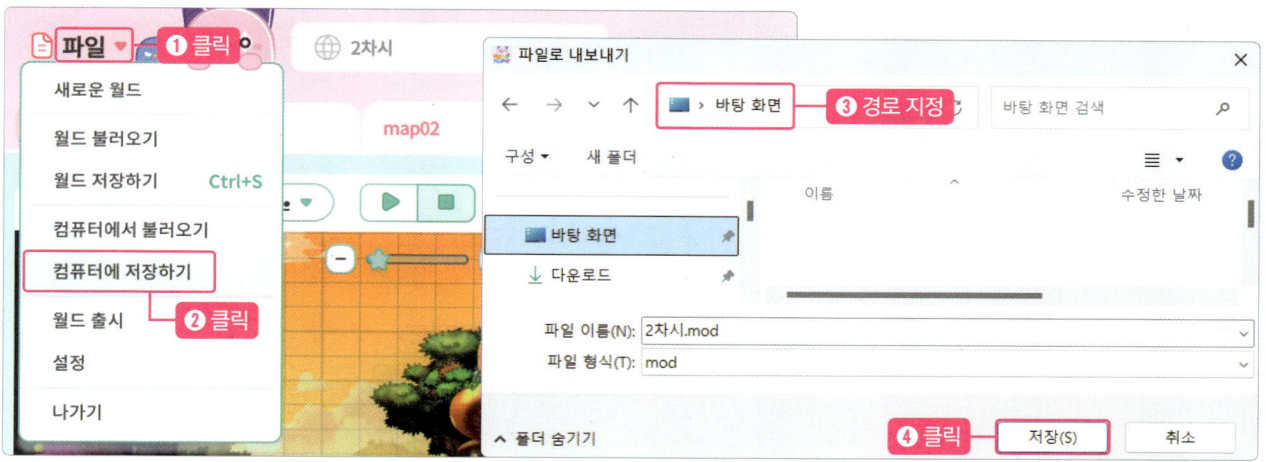

TIP 컴퓨터에 저장된 월드 파일은 [파일]-[컴퓨터에서 불러오기]를 이용하여 파일을 불러올 수 있어요.

3 모든 작업이 끝나면 **[파일]-[나가기]** 를 클릭하여 메인화면으로 돌아가 서버에 저장된 월드를 확인해요.

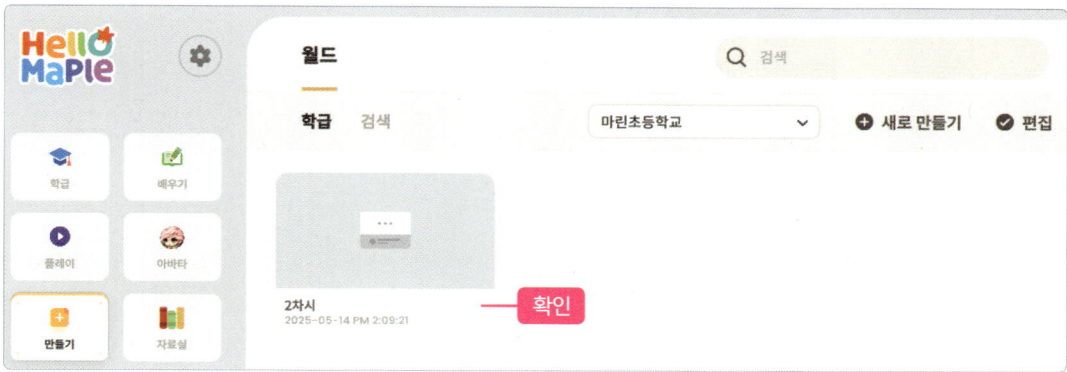

Challenge 03 유령을 피해 다른 맵으로 이동하기

- '발판' 오브젝트를 추가하여 길을 만들 수 있습니다.
- '유령' 오브젝트를 추가할 수 있습니다.
- 오브젝트에 코드를 작성할 수 있습니다.

📁 소스파일   3차시 소스파일.mod   📁 정답파일   3차시 정답파일.mod

미리보기

주요 오브젝트

오브젝트	설명
아바타	▪ 키보드 방향키와 Space Bar 를 이용하여 조종할 수 있어요. ▪ '유령'에 닿으면 모양을 변경한 후 플레이가 종료돼요.
유령	플레이가 시작되면 '아바타'를 계속 쫓아다녀요.
포털3	'아바타'가 '포털'에 닿으면 [맵2]로 전환돼요.
풀 발판7	발판을 복제하여 위치를 변경해요.
풀 발판2	새로운 발판을 추가한 후 크기 및 위치를 변경해요.

 **로그인 후 소스 파일 불러오기**

1 바탕화면의 **HelloMaple** 바로 가기 아이콘( )을 더블클릭해요.

2 헬로메이플이 실행되면 **<시작하기>**를 클릭한 후 본인의 **아이디**와 **비밀번호**를 입력하세요.

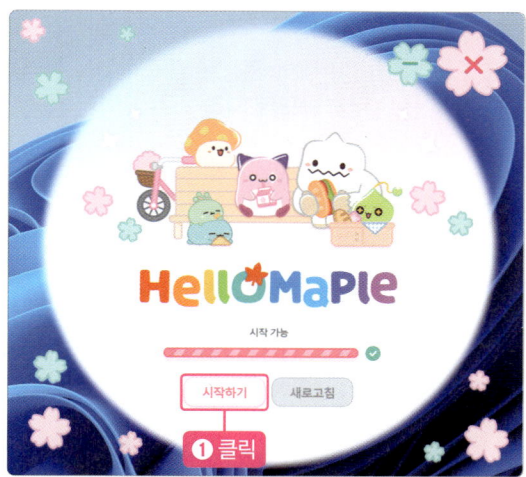
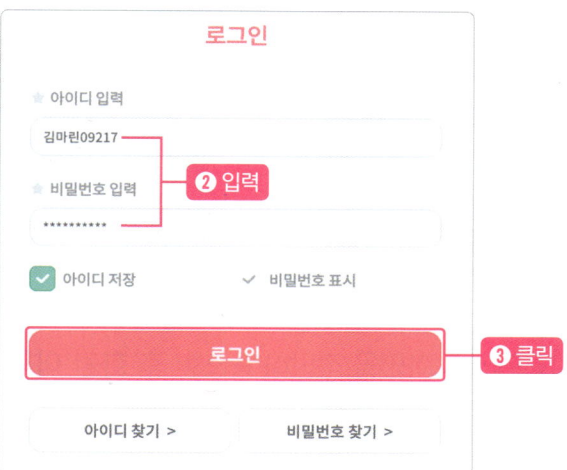

3 [만들기]-[학급]-<+새로 만들기>-<+새로 만들기>를 클릭한 후 화면이 바뀌면 **<새로 만들기>**를 클릭해요.

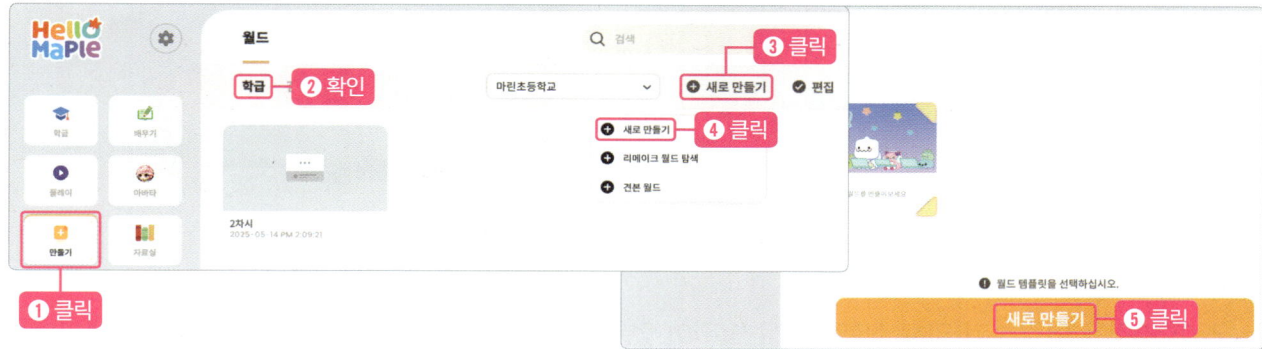

4 컴퓨터에 저장된 소스 파일을 불러오기 위해 **[파일]-[컴퓨터에서 불러오기]**를 클릭한 후 [소스 및 정답 파일]-[소스 파일] 폴더에서 **3차시 소스 파일**을 불러와요.

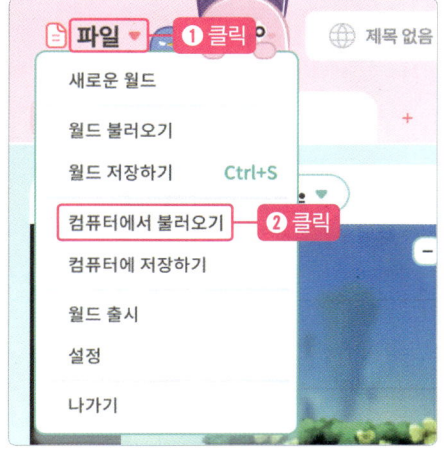

03 유령을 피해 다른 맵으로 이동하기 21

5 저장할 월드 이름(3차시)을 입력한 후 <확인>을 클릭해요.

TIP 컴퓨터에 저장된 월드 파일을 불러올 때는 인터넷 속도에 따라 시간 차이가 발생해요.

Step 02 '발판'을 복제하여 길 연결하기

1 파일이 열리면 실행화면을 적당히 축소한 후 **화면 이동 커서(**  **)**를 클릭하여 전체적인 맵 구조를 확인해요.

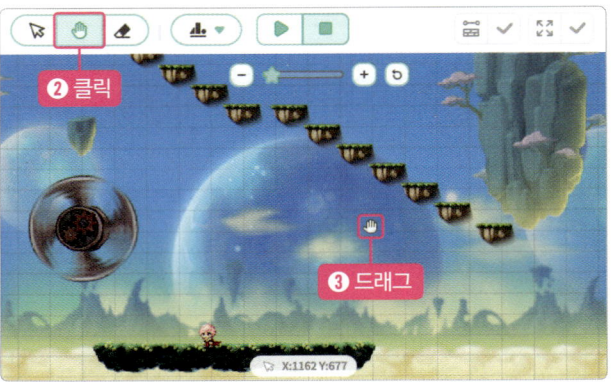

TIP 마우스 휠을 위-아래로 굴리면 실행화면의 크기를 확대 및 축소할 수 있어요.

2 끊어진 길을 연결하기 위해 실행화면을 발판이 있는 쪽으로 이동한 후 **기본 커서( )**를 선택하여 오른쪽 끝에 있는 **풀 발판**을 클릭해요.

3 풀 발판이 선택되면 Ctrl+D를 눌러 오브젝트를 복제한 후 마우스로 드래그하여 아래 그림처럼 위치를 변경해요.

TIP 오브젝트를 선택한 후 Ctrl+D를 누르면 복제할 수 있어요.

4 아래 그림을 참고하여 끊어진 길이 연결될 수 있도록 **풀 발판**을 복제하여 위치를 변경해요.

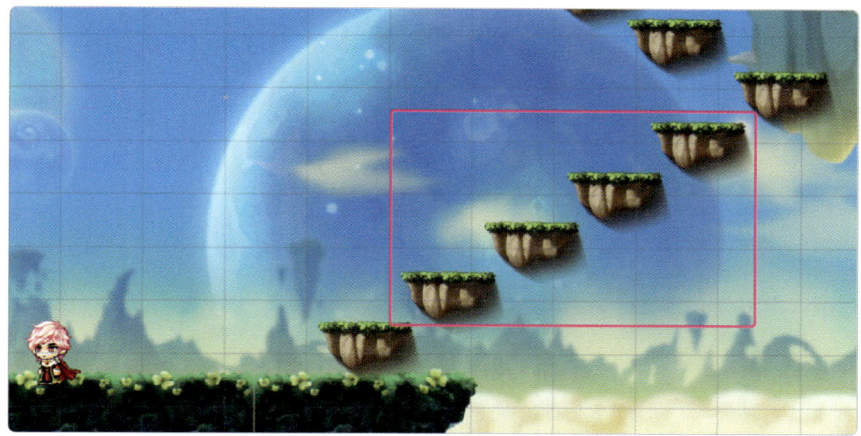

▲ 발판 연결

TIP 발판의 간격은 좁게 연결하며, 시작하기(▶)를 클릭하여 '아바타'가 점프해서 건널 수 있는지 테스트해 보세요.

Step 03 새로운 '발판' 오브젝트 추가하기

1 위쪽에 발판을 추가하기 위해 실행화면을 위쪽으로 이동한 후 **[오브젝트 추가하기(+)]-[오브젝트 추가하기]**를 클릭해요.

TIP '화면 이동 커서(✋)'로 실행화면을 이동한 후 '기본 커서(▶)'로 변경해요.

2 오른쪽에 오브젝트 목록이 나오면 [공간]에서 **풀 발판2**를 클릭해요.

3 실행화면에 삽입된 **풀 발판2**를 클릭한 후 아래 그림처럼 **X-Y 좌표값** 및 **가로-세로 크기**를 변경해요.

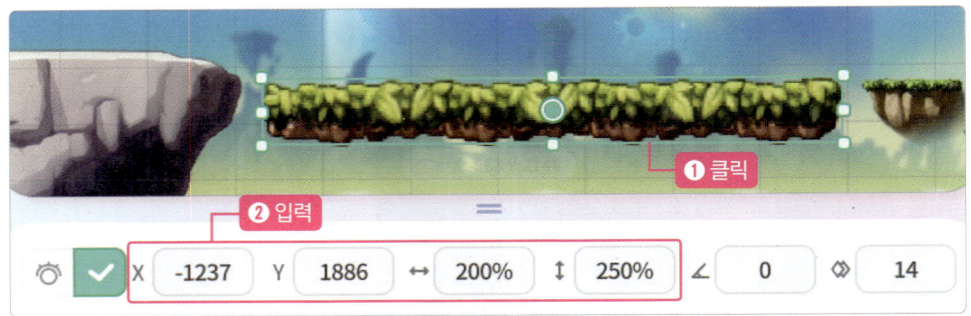

TIP 마우스를 이용하여 오브젝트의 크기 및 위치 조절할 수도 있어요.

 **X-Y 좌표**

❶ x좌표는 '가로(좌-우)' 방향을 의미하며, y좌표는 '세로(상-하)' 방향을 의미해요.

❷ 실행화면 기준으로 가운데 위치는 'x : 0, y : 0' 이에요.

❸ x좌표는 가운데 0을 기준으로 왼쪽은 '음수(-)' 값을 입력하며, 오른쪽은 '양수' 값을 입력해요.

❹ y좌표는 가운데 0을 기준으로 아래쪽은 '음수(-)' 값을 입력하며, 위쪽은 '양수' 값을 입력해요.

❺ 오브젝트를 마우스로 드래그하여 x-y 좌표를 변경해도 되지만 실행화면 아래에 있는 x-y 칸에 값을 직접 입력하면 정확한 위치로 이동시킬 수 있어요.

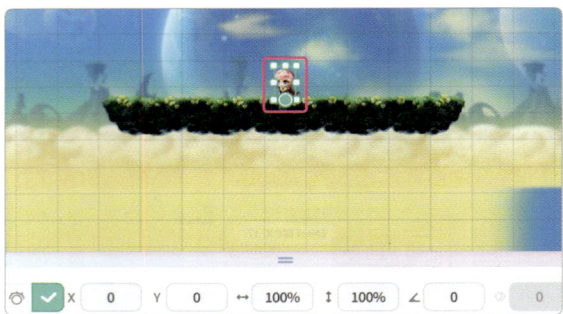
▲ 아바타 x : 0, y : 0 위치

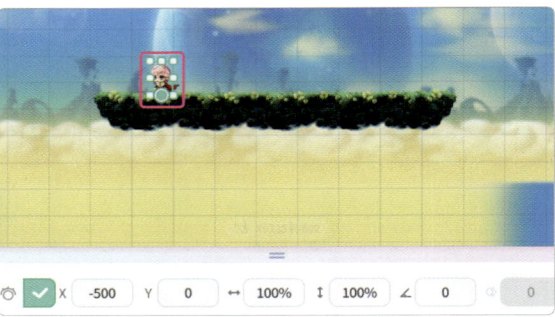
▲ 아바타 x : -500, y : 0 위치

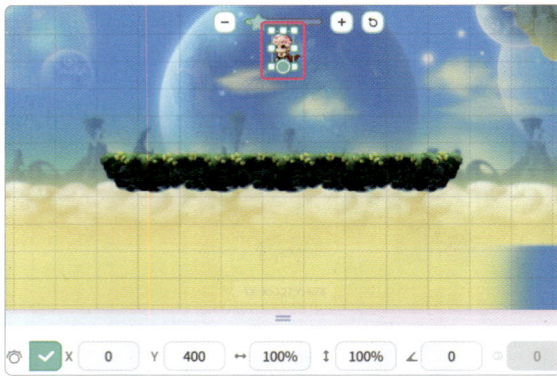
▲ 아바타 x : 0, y : 400 위치

▲ 아바타 x : 0, y : -600 위치

 ## Step 04 '몬스터' 오브젝트 추가 및 코드 작성하기

1 몬스터를 추가하기 위해 [오브젝트 추가하기(+)]-[오브젝트 추가하기]를 클릭해요. 오른쪽에 오브젝트 목록이 나오면 [몬스터]에서 **유령**을 클릭해요.

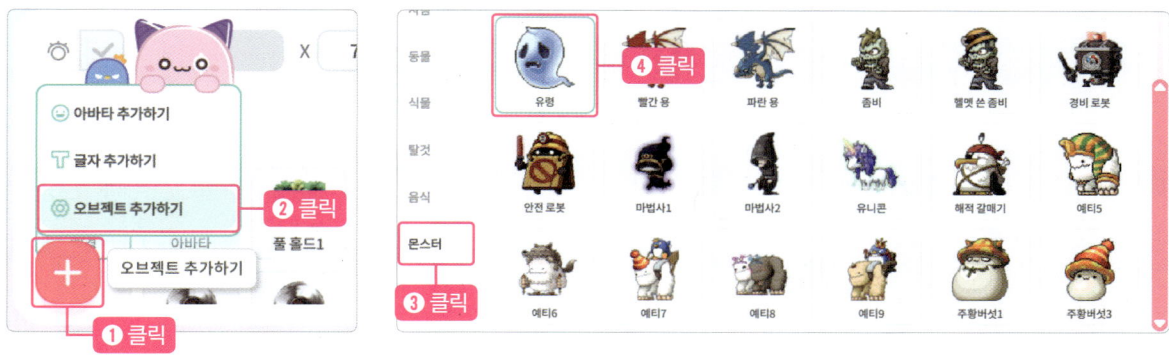

2 실행화면에 삽입된 **유령**을 클릭한 후 **X(-190)-Y(20)** 좌표값을 입력하여 **아바타** 왼쪽으로 이동시킨 후 실행화면의 위치를 **유령** 쪽으로 변경해요.

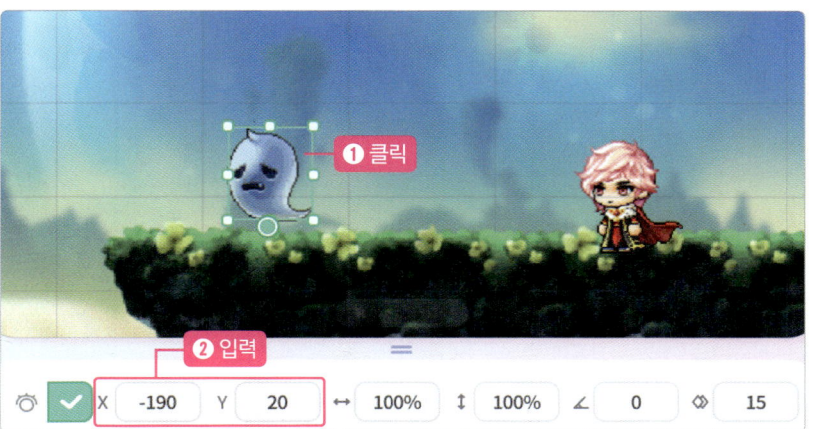

3 코드 작업을 위해 오브젝트 목록 창을 닫은 후 [블록] 탭을 클릭해요.

4 유령이 선택된 상태에서 시작의 맵이 시작되었을 때 를 블록 조립으로 드래그해요.

 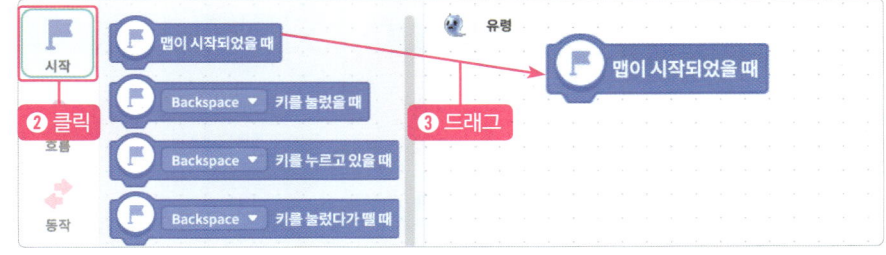

5 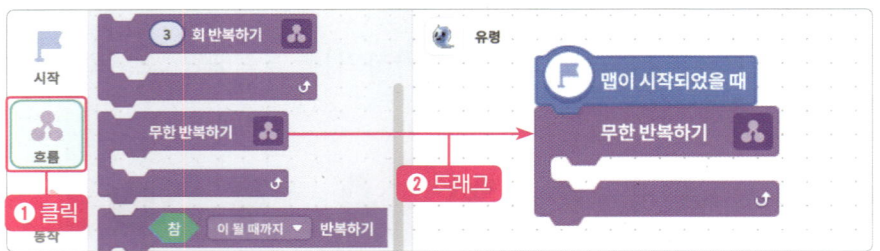 에서 무한 반복하기 를 연결해요.

6 유령이 **아바타**를 계속 쫓아다닐 수 있도록 동작 에서 `10 초 동안 자신▼ 의 위치로 이동` 을 안쪽에 연결한 후 **초(1)**와 **자신(아바타)**을 변경해요.

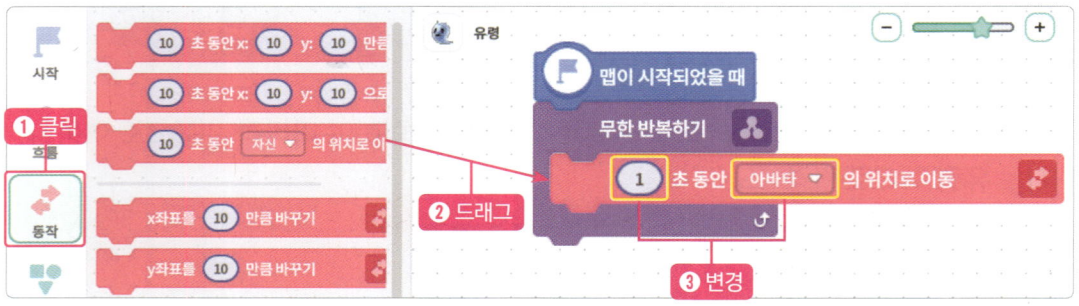

TIP 다음 페이지 '미션 해결하기' 코너에서 '아바타' 코드를 수정하여 게임을 완성해 보세요!

7 모든 작업이 끝나면 **[파일]-[월드 저장하기]**를 클릭해요.
  TIP 서버가 아닌 내 컴퓨터에 저장하려면 [파일]-[컴퓨터에 저장하기]를 클릭해요.

레벨Up 배치 및 내용 수정

모니터 크기(해상도)에 따라 아래 그림과 같이 '실행화면'과 '블록 조립소'의 크기를 조절할 수 있어요.

미션 해결하기

① '아바타'가 '유령'에 닿았는지 확인할 수 있도록 '아바타' 코드에서 '만일 ~이라면'을 수정해 보세요.

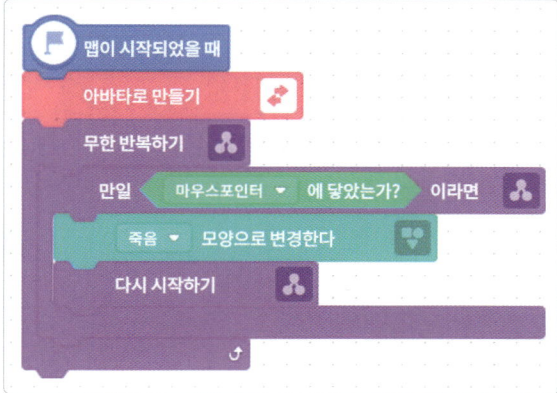

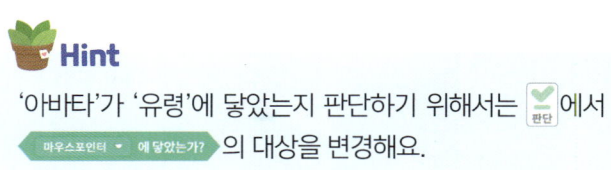

Hint
'아바타'가 '유령'에 닿았는지 판단하기 위해서는 판단에서 마우스포인터에 닿았는가?의 대상을 변경해요.

② '아바타'가 [map01]의 '포털'에 닿았을 때 [map02]로 이동할 수 있도록 [map02] 포털 옆에 아바타를 추가해 보세요.

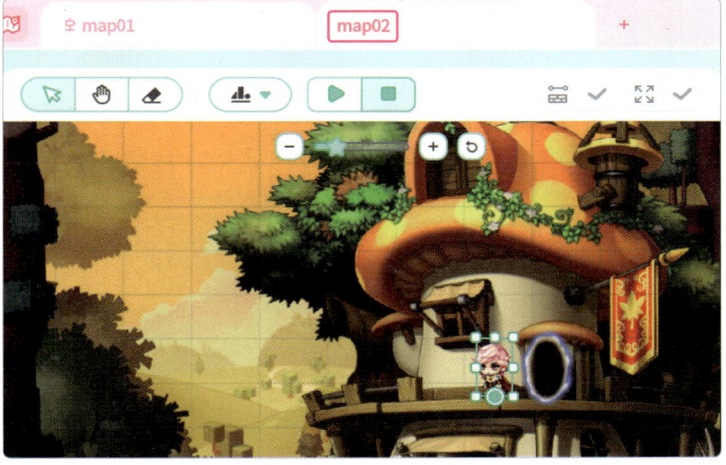

Hint
[map02]를 클릭하여 해당 맵으로 이동한 후 '아바타'를 추가하여 포털 옆으로 위치를 변경하세요. [map02] 맵으로 전환할 때 저장 대화상자가 나오면 <예>를 클릭해요.

③ [map01]을 선택한 후 시작하기()를 클릭하여 내가 만든 월드를 플레이 하세요. 플레이가 끝나면 멈추기()를 클릭하세요.

Hint
[map01]에서 방향키(←, →)와 Space Bar (점프)를 이용하여 발판 위에 있는 '포털'까지 이동하면 [map02]로 전환돼요.

03 유령을 피해 다른 맵으로 이동하기

사다리를 이용하여 동전 모으기

- 배경을 변경하고 오브젝트(발판, 사다리 등)를 추가할 수 있습니다.
- 아이템(별) 오브젝트를 추가한 후 코드 작업을 할 수 있습니다.
- 아이템(별) 오브젝트를 원하는 위치에 배치할 수 있습니다.

📁 **소스파일** 없음　　📁 **정답파일** 4차시 정답파일.mod

주요 오브젝트

오브젝트	설명
아바타	・키보드 방향키와 Space Bar 를 이용하여 조종할 수 있어요. ・플레이가 시작되면 3초 동안 말을 해요.
풀 발판9	배경 아래쪽에 발판을 추가하여 복제한 후 일직선으로 위치를 변경해요.
나무 사다…	'나무 사다리'를 추가한 후 위로 올라갈 수 있도록 위치 및 길이를 변경해요.
별	・'별'을 추가하여 복제한 후 원하는 위치에 배치해요. ・맵에 배치된 별은 '아바타'에 닿으면 사라져요.
풀 발판1	발판을 복제하여 위치를 변경해요.

오브젝트를 이용하여 플레이 맵 만들기

1 헬로메이플을 실행한 후 [만들기]-[학급]-<+새로 만들기>-<+새로 만들기>를 클릭해요. 화면이 바뀌면 **<새로 만들기>**를 클릭해요.

TIP 프로그램 실행 방법이 생각나지 않으면 3차시 21 페이지를 참고하세요.

2 새 파일이 열리면 오브젝트 목록에서 **배경**을 선택한 후 [배경] 탭에서 **배경 고르기(◉)**를 클릭해요.

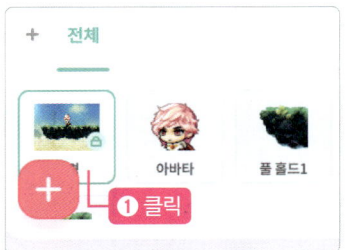

3 오른쪽에 여러 가지 배경 종류가 나오면 **숲속3**을 선택한 후 배경 창을 닫아요.

TIP 배경 창이 열려 있으면 다른 작업을 진행할 수 없으므로 꼭 닫아주세요.

4 실행화면을 적당히 축소한 후 [**오브젝트 추가하기(+)**]-[**오브젝트 추가하기**]를 클릭해요. 오른쪽에 오브젝트 목록이 나오면 [공간]에서 **풀 발판9**를 선택해요.

5 실행화면에 삽입된 **풀 발판9**를 클릭한 후 X(-2166)와 Y(-600) 좌표값을 변경해요. 위치가 변경되면 실행화면을 작게 축소하여 위치를 확인해요.

TIP 실행화면의 시점을 맞추기 어렵다면, 오브젝트 목록에서 썸네일을 선택해 해당 오브젝트로 바로 이동할 수 있어요.

6 **풀 발판9**가 선택된 상태에서 Ctrl+D를 눌러 복제한 후 발판을 연결해요. 똑같은 방법으로 **풀 발판9**를 6개 더 복제하여 아래 그림처럼 직선으로 연결하여 길을 만들어요.

TIP 직선으로 발판을 만들 때는 중간에 틈이 생기지 않도록 붙여서 연결해요.

레벨Up 직선으로 발판 연결하기

① Ctrl을 누른 채 원본과 복제된 발판을 모두 선택한 후 정렬 도구( )-정렬-아래쪽 가장자리를( ) 클릭해요.

❷ 아래쪽 가장자리에 맞추어 발판이 정렬되면 정렬 도구( )-붙임-왼쪽 가장자리( )를 클릭해요.

❸ 발판을 여러 개 복제한 후 ❶~❷번 방법을 이용하면 쉽고 빠르게 연결된 길을 만들 수 있어요.

7 실행화면을 축소하여 **아바타**를 아래쪽 발판으로 이동시킨 후 마우스를 드래그하여 위쪽 발판을 모두 선택해요.

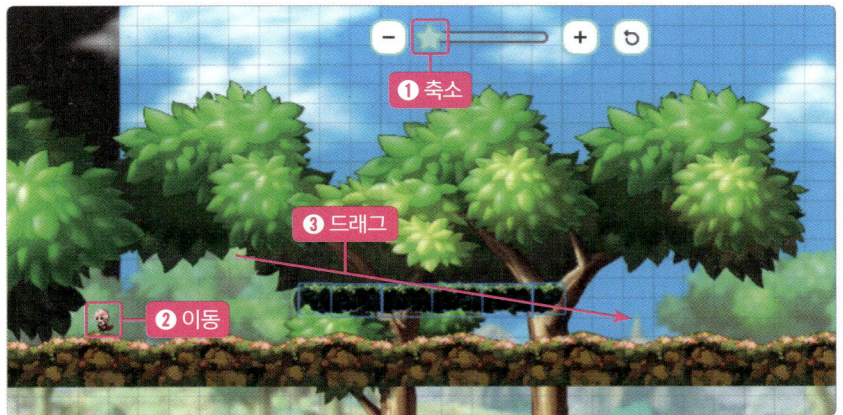

8 선택된 발판의 위치를 변경한 후 Ctrl+D를 눌러 복제해요. 복제된 발판의 위치를 아래 그림처럼 변경한 후 한 번 더 복제하여 위치를 변경해요.

9 사다리를 추가하기 위해 실행화면을 확대한 후 [오브젝트 추가하기(+)]-[오브젝트 추가하기]를 클릭해요. 오른쪽에 오브젝트 목록이 나오면 [공간]에서 **나무 사다리1**을 클릭해요.

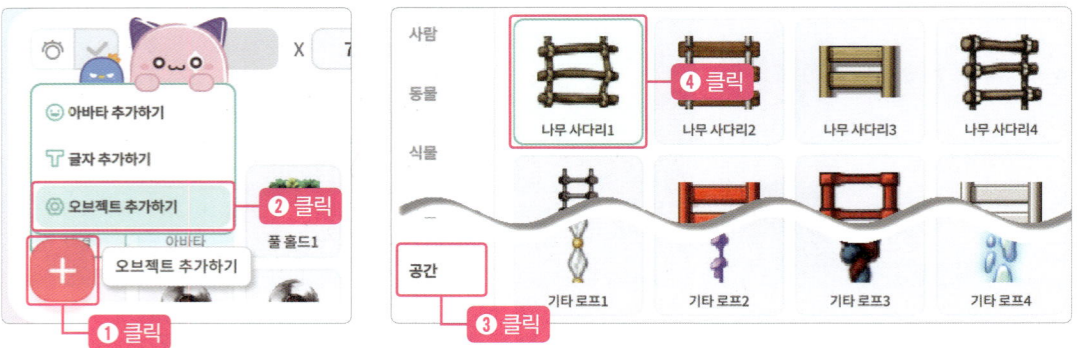

10 실행화면에 삽입된 **나무 사다리1**을 왼쪽 발판 위쪽에 맞춰 이동시킨 후 ⬍을 아래쪽으로 드래그하여 사다리가 땅에 닿도록 길이를 늘이세요.

TIP 발판에 사다리를 연결할 때는 노란색 기준선(▬▬)에 맞춰서 배치해야 해요.

11 똑같은 방법으로 **나무 사다리1**을 추가한 후 위쪽 발판에 연결하고 길이를 변경해요.

TIP 추가된 오브젝트가 보이지 않을 경우 오브젝트 목록에서 썸네일을 선택해 보세요.

Step 02 '동전' 오브젝트 추가 후 코드 작성하기

1 동전을 추가하기 위해 [오브젝트 추가하기(+)]-[오브젝트 추가하기]를 클릭한 후 [물건]에서 **별**을 선택해요.

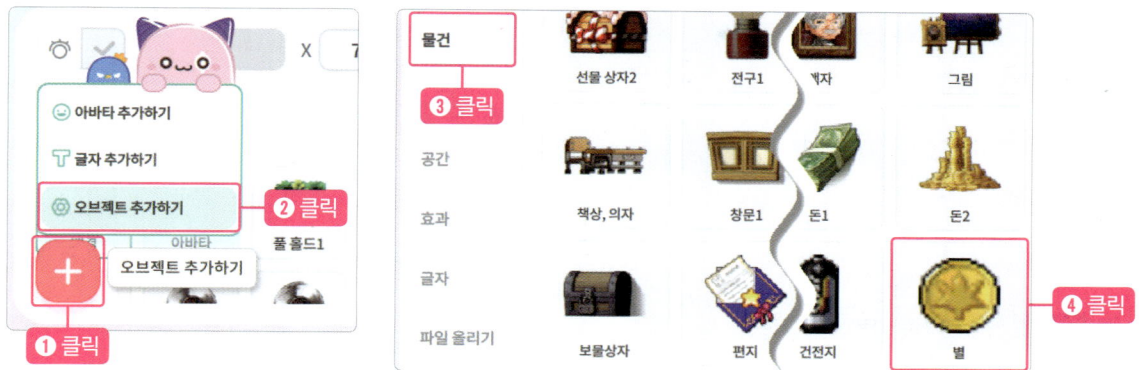

2 코드 작업을 위해 오브젝트 목록 창을 닫은 후 [블록] 탭을 클릭해요.

3 실행화면에서 **별**을 클릭한 후 시작에서 맵이 시작되었을 때 를 블록 조립소로 드래그해요.

TIP 실행화면에 삽입된 '별' 오브젝트의 위치는 교재와 다를 수 있으며, 미션 해결하기를 통해 위치를 변경해요.

4 호름에서 무한 반복하기 를 연결한 후 만일 참 이라면 을 안쪽에 연결해요.

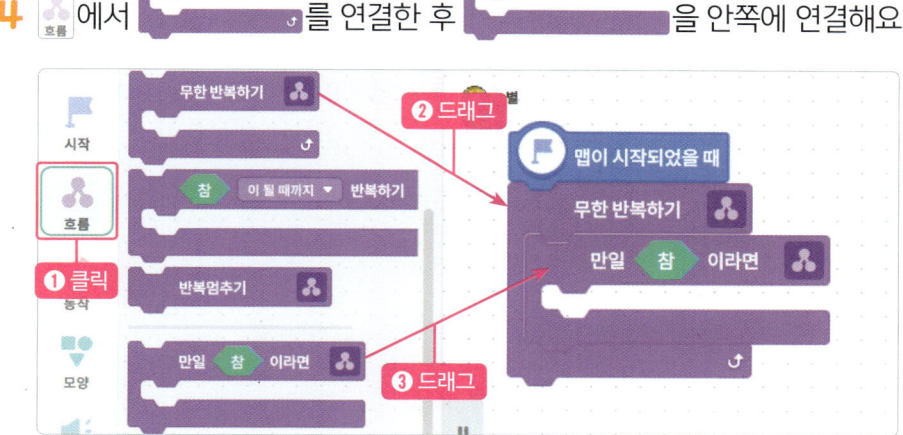

04 사다리를 이용하여 동전 모으기 **33**

5 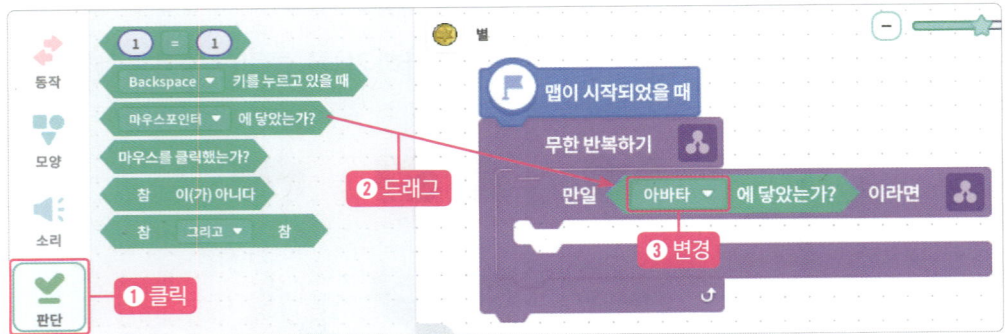 에서 마우스포인터에 닿았는가? 를 참에 끼워 넣은 후 대상을 **아바타**로 변경해요.

TIP 맵이 시작되면 '별' 오브젝트에 '아바타'가 닿았는지 계속 확인해요.

6 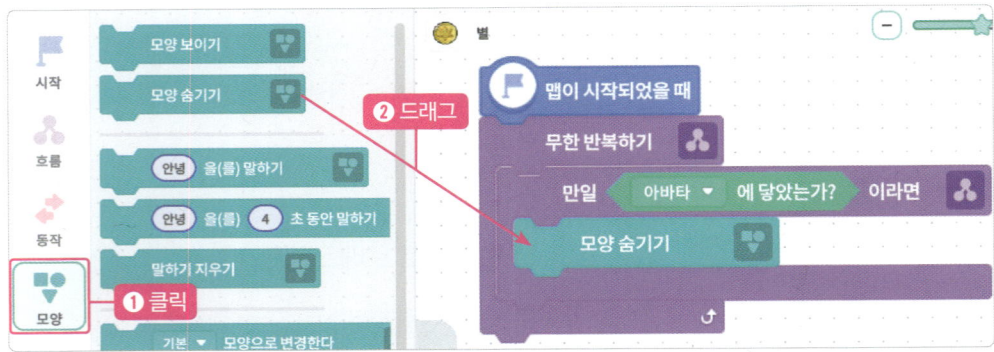 에서 모양 숨기기 를 안쪽에 연결해요.

TIP '별' 오브젝트가 '아바타'에 닿으면 실행화면에서 보이지 않도록 사라져요.

7 모든 작업이 끝나면 [파일]-[월드 저장하기]를 클릭해요.

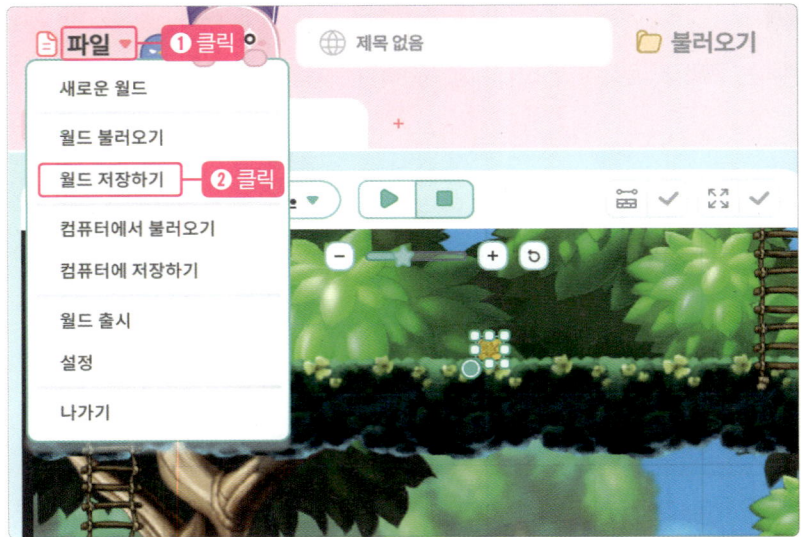

TIP 다음 페이지 '미션 해결하기' 코너에서 코드를 추가 또는 수정하여 게임을 완성해 보세요!

미션 해결하기

① '별'을 복제(Ctrl+D)하여 원하는 위치에 배치해 보세요. 단, 복제된 '별'을 배치할 때는 아바타가 점프했을 때 닿을 수 있는 높이로 맞춰주세요.

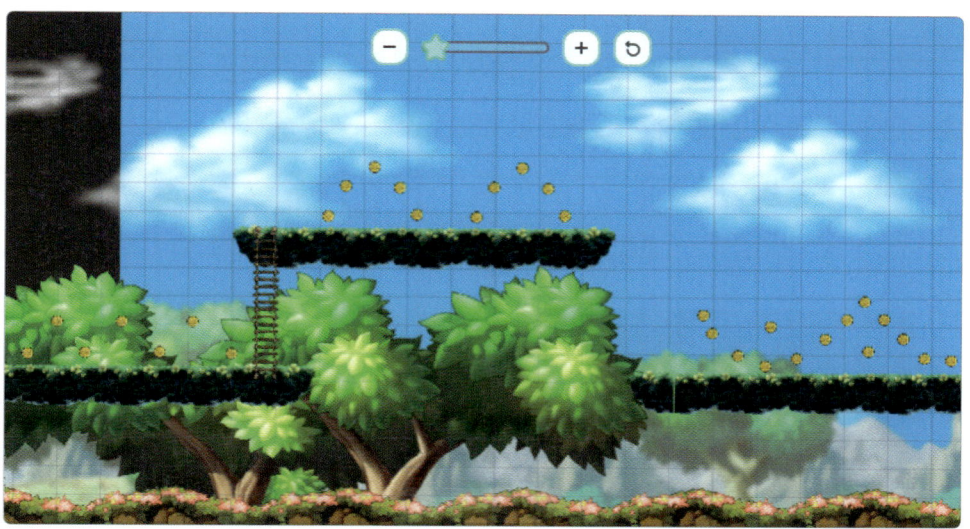

Hint
실행화면을 적당히 축소한 후 '화면 이동 커서( )'와 '기본 커서( )'를 이용하여 복제된 별을 배치하세요.

② 맵이 시작되면 '아바타'가 '동전 모으기 시작!'을 3초 동안 말을 할 수 있도록 블록을 아래쪽에 연결해 보세요.

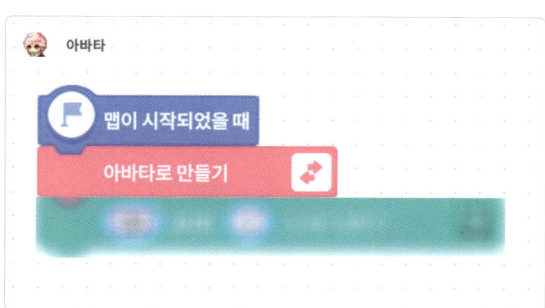

Hint
해당 명령 블록은 에 있어요.

③ **시작하기(▶)**를 클릭하여 내가 만든 월드를 플레이 하세요.

Hint
방향키(←, →, ↑, ↓)와 Space Bar (점프)를 이용하여 동전을 획득해 보세요. 동전을 다 모으더라도 플레이가 종료되지 않기 때문에 멈추기(■)를 눌러주세요.

04 사다리를 이용하여 동전 모으기 **35**

Challenge 05
포털을 이용하여 다른 맵으로 이동하기

- 새로운 맵을 추가한 후 오브젝트를 이용하여 정글 맵을 만들 수 있습니다.
- 움직이는 발판을 만들 수 있습니다.
- 포털을 이용하여 다른 맵으로 이동할 수 있습니다.

📁 **소스파일** 5차시 소스파일.mod   📁 **정답파일** 5차시 정답파일.mod

주요 오브젝트

오브젝트	설명
아바타	• 키보드 방향키와 Space Bar 를 이용하여 조종할 수 있어요. • [map02] 맵에서 '천막'에 닿으면 입력한 내용을 말해요.
식물 로프1	'아바타'가 로프를 이용하여 이동할 수 있어요.
움직이는…	'아바타'를 이동시킬 수 있도록 좌-우로 움직여요.
npc-172	'아바타'가 포털 근처에 오면 말을 해요.
portal-4	'아바타'가 '포털'에 닿으면 [map02] 맵으로 전환해요.

Step 01 새로운 맵을 추가한 후 배경 변경하기

1 헬로메이플을 실행한 후 [만들기]-[학급]-<+새로 만들기>-<+새로 만들기>를 클릭해요. 화면이 바뀌면 **<새로 만들기>**를 클릭해요.

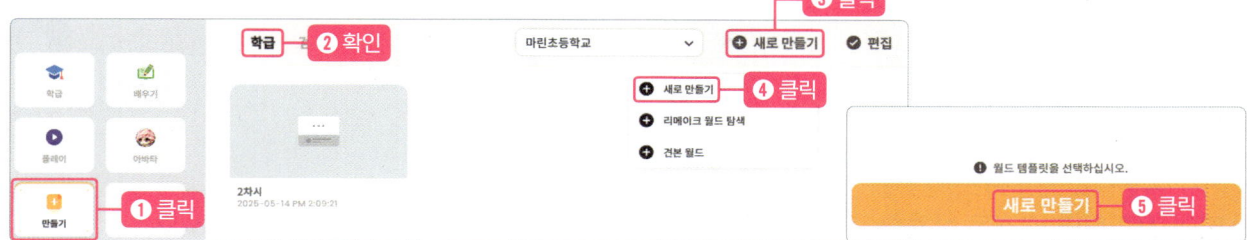

2 컴퓨터에 저장된 소스 파일을 불러오기 위해 **[파일]-[컴퓨터에서 불러오기]**를 클릭한 후 [소스 및 정답 파일]-[소스 파일] 폴더에서 **5차시 소스 파일**을 불러와요.

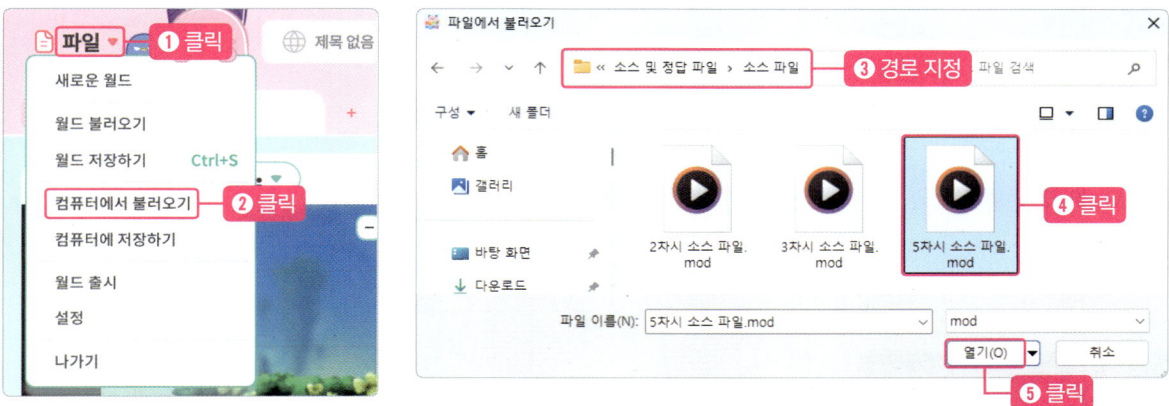

3 저장할 월드 이름(5차시)을 입력한 후 <확인>을 클릭해요.

4 파일이 열리면 새로운 맵을 추가하기 위해 **맵 추가하기(+)**를 클릭한 후 **[map02]**를 선택해요.

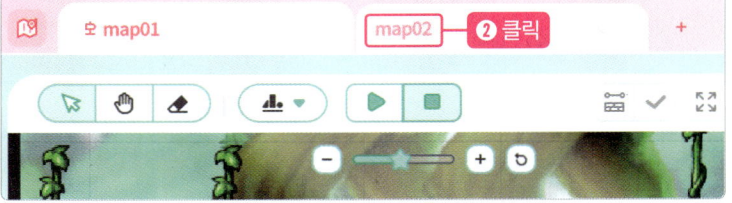

5 저장 메시지가 나오면 <아니오>를 클릭한 후 맵 이동 메시지가 나오면 <예>를 선택해요.

TIP 작업 환경에 따라서 저장 메시지가 나오지 않을 수도 있어요.

6 맵이 전환되면 배경을 변경하기 위해 [배경] 탭을 선택한 후 **배경 고르기(◉)**를 클릭해요.

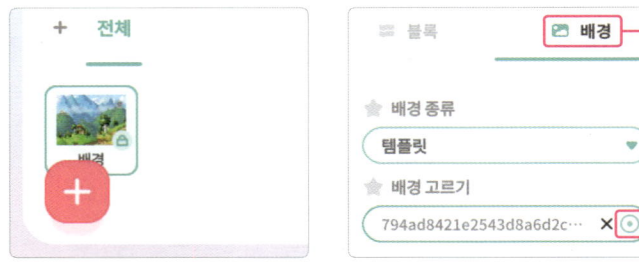

7 여러 가지 배경 종류가 나오면 **숲속5**를 선택한 후 배경 창을 닫아요.

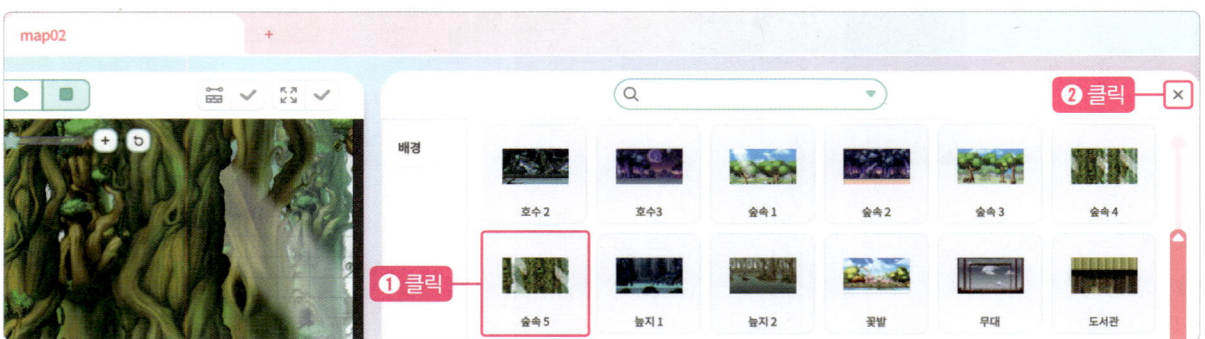

Step 02 오브젝트를 추가하여 정글 맵 만들기

1 [map02] 맵에 발판을 추가하기 위해 **[오브젝트 추가하기(＋)]-[오브젝트 추가하기]**를 클릭해요. 오브젝트 목록이 나오면 [공간]에서 **풀 발판7**을 두 번 클릭해요.

2 실행화면에 두 개의 **풀 발판7**이 추가되면 실행화면을 적당히 축소한 후 x-y 좌표값을 입력하여 위치를 변경해요.

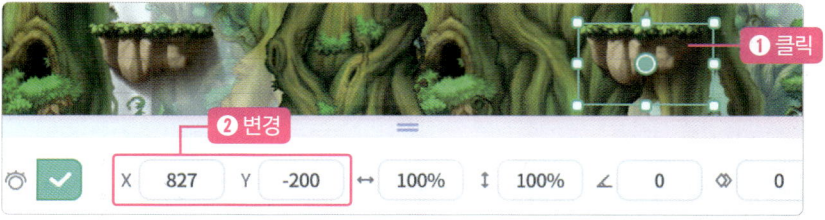

TIP 왼쪽 발판(x : -790, y : -200), 오른쪽 발판(x : 827, y : -200)

3 로프를 추가하기 위해 [공간]에서 **식물 로프1**을 여섯 번 클릭해요.

4 실행화면에 여섯 개의 **식물 로프1**이 추가되면 첫 번째 로프의 x-y 좌표값을 변경한 후 나머지 로프는 첫 번째 로프를 기준으로 아바타가 점프로 건너갈 수 있도록 아래 그림처럼 배치해요.

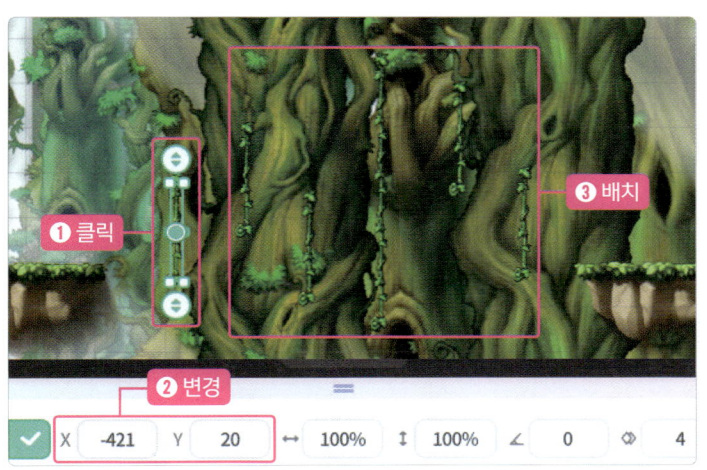

TIP 로프는 마우스로 드래그하여 배치하며 ⊙을 아래쪽으로 드래그하면 로프의 길이를 변경할 수 있어요.

Step 03 '포털'과 '아바타' 추가하기

1 포털을 추가하기 위해 [공간]에서 **포털4**를 클릭한 후 오브젝트 창을 닫아요.

2 실행화면에 **포털4**가 추가되면 왼쪽 발판 위쪽(x : -938, y : 358)으로 배치한 후 **[모양]** 탭을 클릭해요.

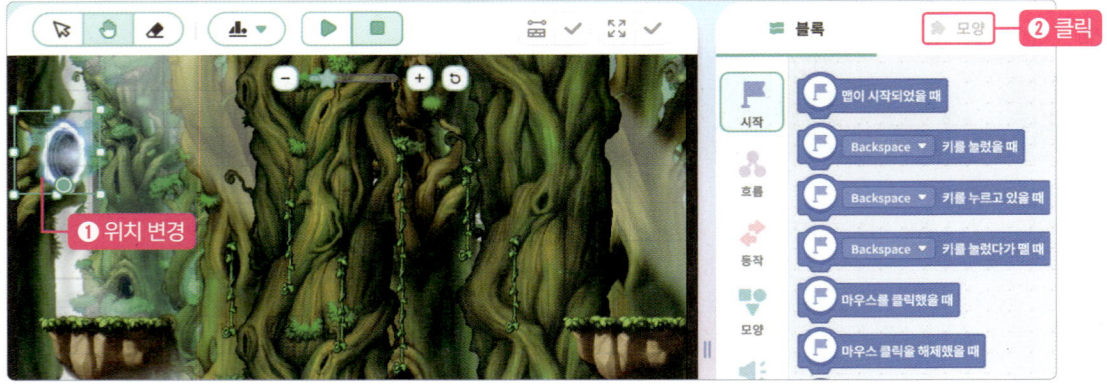

3 [모양] 탭이 열리면 반전에서 **좌우대칭** ( )을 클릭해요.

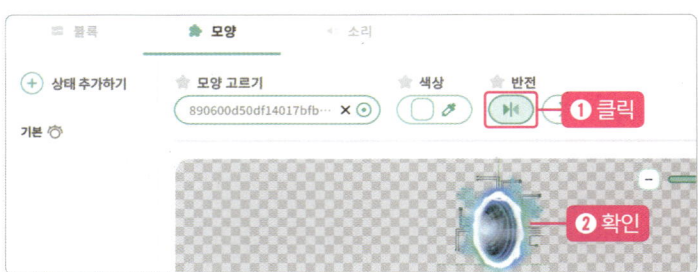

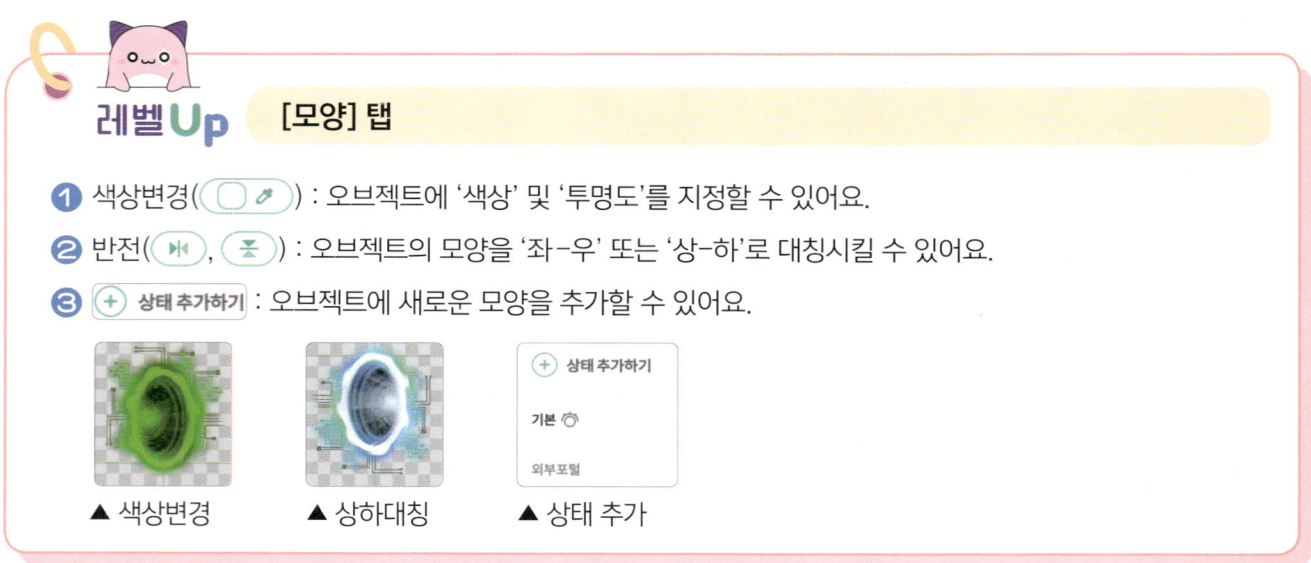

레벨 Up [모양] 탭

① 색상변경( ) : 오브젝트에 '색상' 및 '투명도'를 지정할 수 있어요.

② 반전(,) : 오브젝트의 모양을 '좌-우' 또는 '상-하'로 대칭시킬 수 있어요.

③ 상태 추가하기 : 오브젝트에 새로운 모양을 추가할 수 있어요.

▲ 색상변경   ▲ 상하대칭   ▲ 상태 추가

4 아바타를 추가하기 위해 **[오브젝트 추가하기( )]-[아바타 추가하기]**를 클릭해요. 실행화면에 **아바타**가 추가되면 **포털4** 옆으로 위치를 이동시켜요.

5 코드 작업을 위해 [map01]을 선택한 후 저장 또는 맵 이동 메시지가 나오면 <예>를 클릭해요.

TIP 미리 월드를 저장했다면 맵 이동 메시지만 나와요.

Step 04 '움직이는 발판'과 '포털'에 코드 작성하기

1 오브젝트 목록에서 **움직이는 발판**을 클릭해요.

TIP 실행화면에서 '움직이는 발판'을 마우스로 선택할 수도 있어요.

2 시작 에서 `맵이 시작되었을 때` 를 드래그한 후 흐름 에서 `무한 반복하기` 를 연결해요.

3 동작 에서 `10 초 동안 x: 10 y: 10 만큼 움직이기` 2개를 안쪽에 연결한 후 **초**와 **좌표값**을 아래 그림처럼 변경해요.

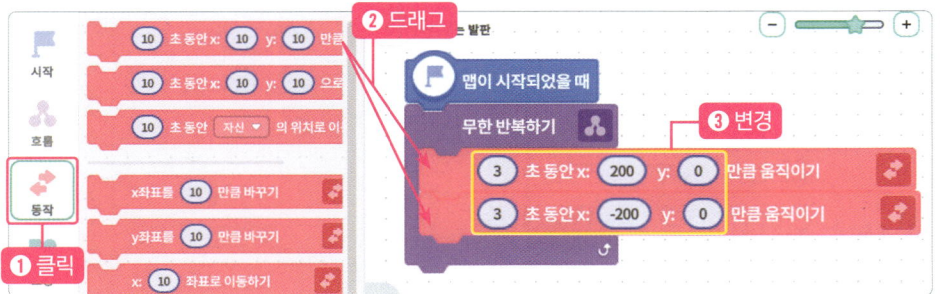

TIP 맵이 시작되면 '움직이는 발판'이 3초 간격으로 '오른쪽(x : 200)'과 '왼쪽(x : -200)' 방향으로 계속 움직여요.

4 오브젝트 목록에서 **portal-4**를 클릭해요.

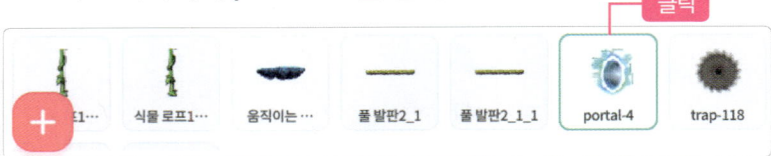

5 에서 맵이 시작되었을 때를 드래그한 후 호름에서 무한 반복하기 와 만일 참 이라면 을 연결해요.

6 판단에서 마우스포인터 에 닿았는가? 를 참에 끼워 넣은 후 대상을 **아바타**로 변경해요.

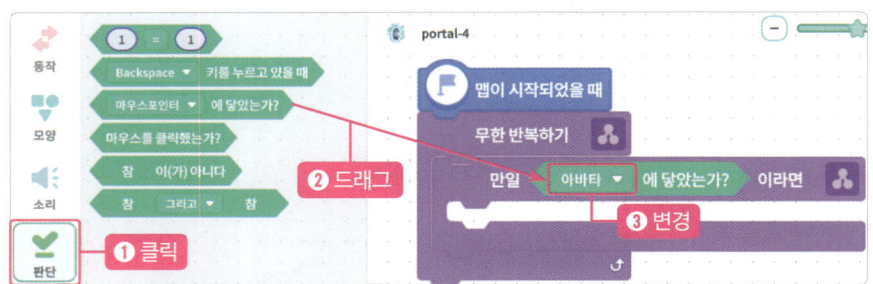

7 시작에서 다른 맵으로 전환 을 안쪽에 연결한 후 **map02**로 변경해요.

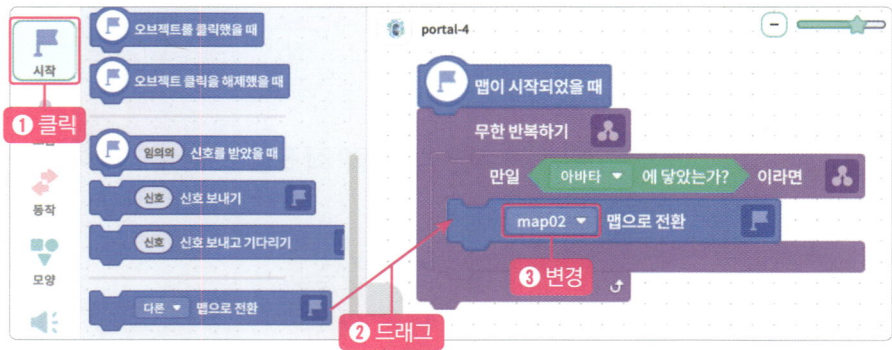

TIP '아바타'가 '포털'에 닿으면 [map02] 맵으로 전환돼요.

8 모든 작업이 끝나면 **[파일]-[월드 저장하기]**를 클릭해요.

미션 해결하기

① [map02] 맵에서 오른쪽 발판 위에 '천막'을 추가한 후 좌-우 방향을 바꾸고 발판에 맞게 크기를 줄여 보세요.

Hint
'천막' 오브젝트는 [건물]에 포함되어 있어요.

② '아바타'가 '천막'에 닿았을 경우 '탈출 성공!'을 말하도록 코드를 추가하세요.

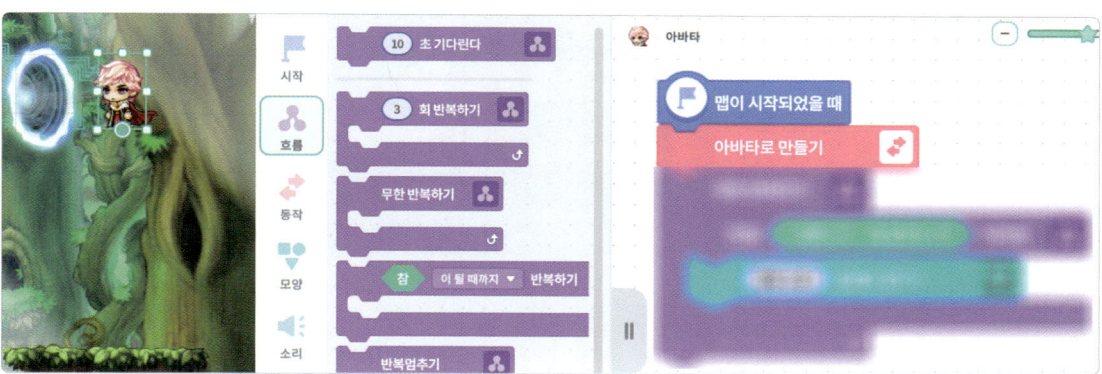

Hint
말하기 명령 블록은 에 있어요.

③ [map01] 맵을 선택한 후 시작하기(▶)를 클릭하여 내가 만든 월드를 플레이 하세요.

Hint
를 눌러 다음 로프로 넘어갈 때는 반드시 위쪽과 오른쪽 방향키(↑, →)를 함께 눌러야 해요. 위쪽 방향키(↑)를 함께 누르지 않으면 아래로 떨어져요.

05 포털을 이용하여 다른 맵으로 이동하기 43

포털을 이용하여 해저 탈출하기

- 포털을 추가한 후 복제할 수 있습니다.
- 특정 조건에 맞으면 다른 오브젝트로 신호를 보낼 수 있습니다.
- 신호를 받았을 때 특정 위치로 이동할 수 있습니다.

📁 소스파일 6차시 소스파일.mod   📁 정답파일 6차시 정답파일.mod

주요 오브젝트

오브젝트	설명
아바타	• 키보드 방향키와 [Space Bar]를 이용하여 조종할 수 있어요. • 신호를 받으면 지정된 x-y 좌표로 이동해요.
포털1	'아바타'에 닿고 위쪽 방향키(↑)를 누르면 신호를 보내요.
monster…	• 플레이가 시작되면 '아바타'를 계속 쫓아다녀요. • '아바타'에 닿으면 플레이를 다시 시작해요.
foothold…	• '아바타'가 닿으면 초시계를 멈추고 [탈출성공] 맵으로 전환해요. • 해당 발판은 '배' 오브젝트 뒤쪽에 보이지 않게 배치되었어요.
배경	플레이가 시작되면 초시계가 실행화면에 위쪽에 나타나 시간을 재요.

 ## '포털'을 추가하여 코드 작성하기

1 헬로메이플을 실행한 후 [만들기]-[학급]-<+새로 만들기>-<+새로 만들기>- 새로 만들기 를 클릭해요. 컴퓨터에 저장된 **6차시 소스 파일**을 불러와 월드 이름(6차시)을 입력한 후 <확인>을 클릭해요.

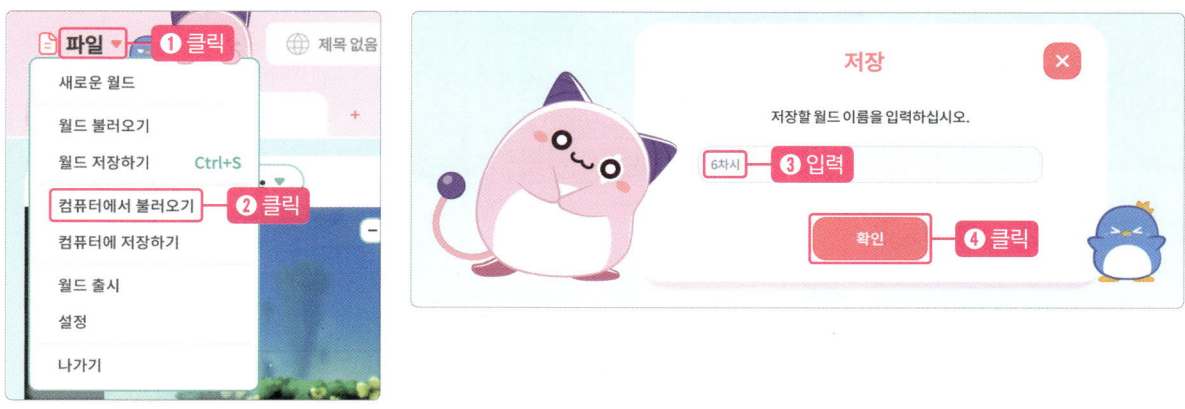

TIP 소스 파일을 불러오는 방법이 생각나지 않으면 5차시 37 페이지를 참고하세요.

2 [해저탈출] 맵에서 실행화면을 적당히 축소한 후 배 위에 있는 **첫 번째 발판** 쪽으로 화면을 이동시키고 [오브젝트 추가하기(➕)]-[**오브젝트 추가하기**]를 클릭해요.

3 오브젝트 목록이 나오면 [공간]에서 **포털1**을 선택한 후 오브젝트 창을 닫아요.

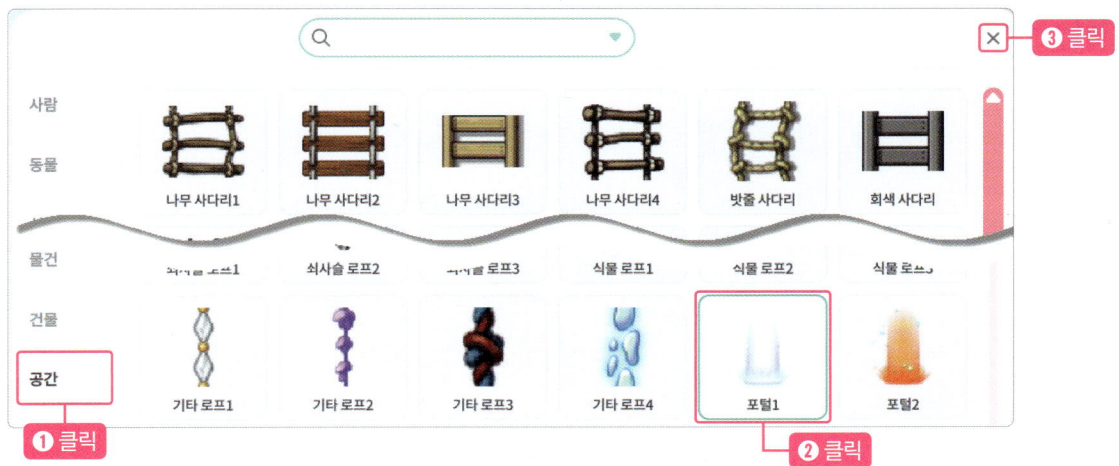

4 실행화면에 추가된 포털을 클릭한 후 아래 그림처럼 위치(x : 318, y : -65)를 변경해요.

TIP '포털'의 위치는 좌표값(x 318 y -65)을 입력하거나 아래 그림을 참고하여 마우스로 드래그해요.

5 시작 에서 맵이 시작되었을 때 을 드래그한 후 흐름 에서 무한 반복하기 을 연결하고 만일 참 이라면 을 안쪽에 연결해요.

TIP 마우스로 포털의 위치를 변경할 때는 노란색 기준선( )에 맞춰서 변경해요.

6 판단 에서 참 그리고 참 을 참에 끼워 넣은 후 마우스포인터 에 닿았는가? 와 Backspace 키를 누르고 있을 때 를 양쪽 참 위치에 끼워 넣고 **아바타**와 ↑ 로 변경해요.

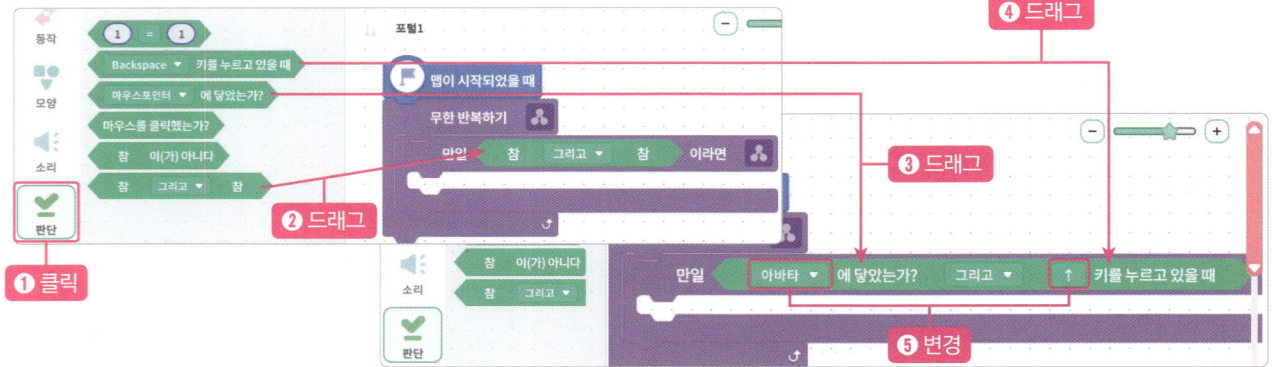

TIP 참 그리고 참 은 '왼쪽'과 '오른쪽' 모두 '참'인지 판단해요. 즉, 양쪽 모두 조건에 맞아야 해요.

7 시작 에서 신호 신호 보내기 를 안쪽에 연결한 후 **처음**으로 변경해요.

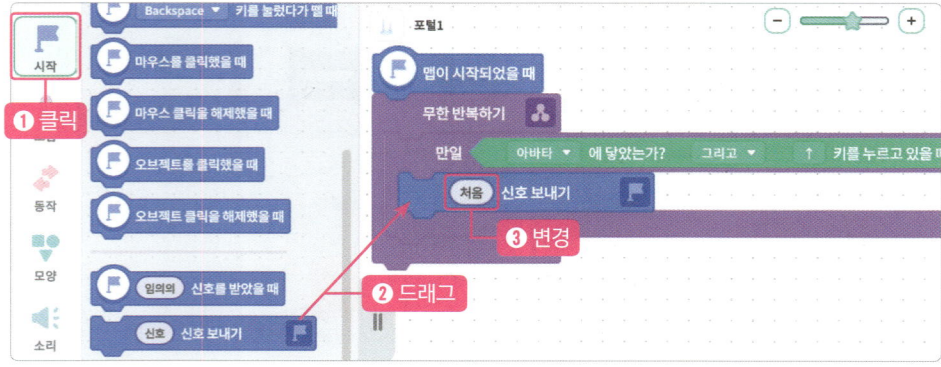

TIP '포털' 오브젝트에 '아바타'가 닿고 '위쪽 방향키(↑)'가 눌러져 있으면 특정 오브젝트로 '처음' 신호를 보내요.

46

포털 복제 후 신호 변경하기

1 **포털**이 선택된 상태에서 Ctrl+D를 눌러 복제한 후 위치를 변경해요. 이어서, 복제된 포털의 신호 이름을 **2층**으로 변경해요.

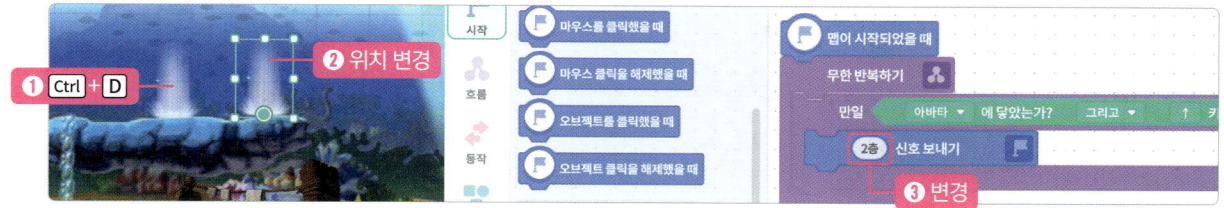

TIP '포털' 오브젝트에 '아바타'가 닿고 '위쪽 방향키(↑)'가 눌러져 있으면 특정 오브젝트로 '2층' 신호를 보내요.

2 똑같은 방법으로 포털 3개를 복제하여 **2층 발판**에 배치한 후 **신호 이름**을 각각 **변경**해요.

신호 이름 변경 : 왼쪽 포털(처음), 가운데 포털(1층), 오른쪽 포털(3층)

TIP 2층 발판 오른쪽 포털 옆에는 '아바타'가 나타나는 곳이기 때문에 일정한 공간이 필요해요.

3 Ctrl을 누른 채 2층 발판의 포털 3개를 모두 선택하여 복제한 후 아래 그림처럼 3층에 배치하고 신호 이름을 변경해요.

신호 이름 변경 : 왼쪽 포털(2층), 가운데 포털(4층), 오른쪽 포털(처음) → 왼쪽 포털 옆 공간 확보

TIP 4층~10층 사이의 '포털' 오브젝트에는 코드가 미리 작성되어 있어요.

Step 03 '아바타' 코드 작성하기

1 실행화면에서 **아바타**를 클릭하고 🏁에서 🏁임의의 신호를 받았을 때 을 드래그한 후 **처음**으로 변경해요.

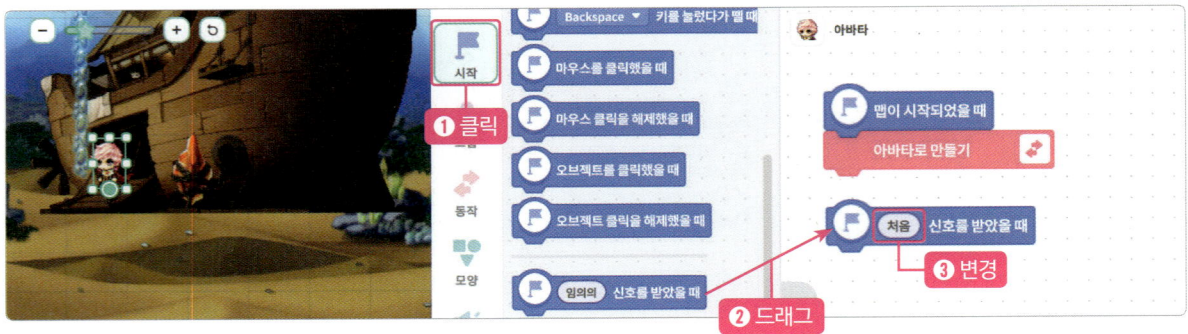

TIP 실행화면 아래쪽의 오브젝트 목록에서 '아바타'를 선택해도 돼요.

2 에서 `x:10 y:10 좌표로 이동하기`를 연결한 후 x(42)와 y(-1068) 좌표값을 변경해요.

TIP '포털'에서 보낸 '처음' 신호를 '아바타'가 받으면 지정된 x-y좌표(배 입구)로 이동해요.

레벨Up 신호 보내기 & 신호 받기

달리기 경기를 할 때, 심판이 '출발' 신호를 보내면 선수들은 그 신호에 맞춰 결승선까지 달려가죠. 이와 마찬가지로, 어떤 오브젝트가 '이동'이라는 신호를 보내면, 그 신호를 받은 오브젝트는 상황에 맞는 동작을 수행해야 해요.

3 🏁 처음 신호를 받았을 때 위에서 마우스 오른쪽 버튼을 눌러 **[여기부터 복제]**를 클릭해요.

 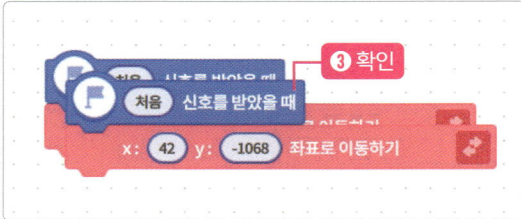

4 코드가 복제되면 **신호 이름(1층)**과 x(-27), y(-30) 좌표값을 변경해요.

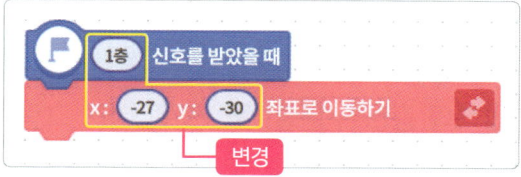

TIP '아바타'가 '1층' 신호를 받으면 포털이 없는 1층 발판 왼쪽 빈공간으로 이동해요.

5 똑같은 방법으로 코드를 복제한 후 아래 그림을 참고하여 **신호 이름**과 **x-y 좌표값**을 변경해요.

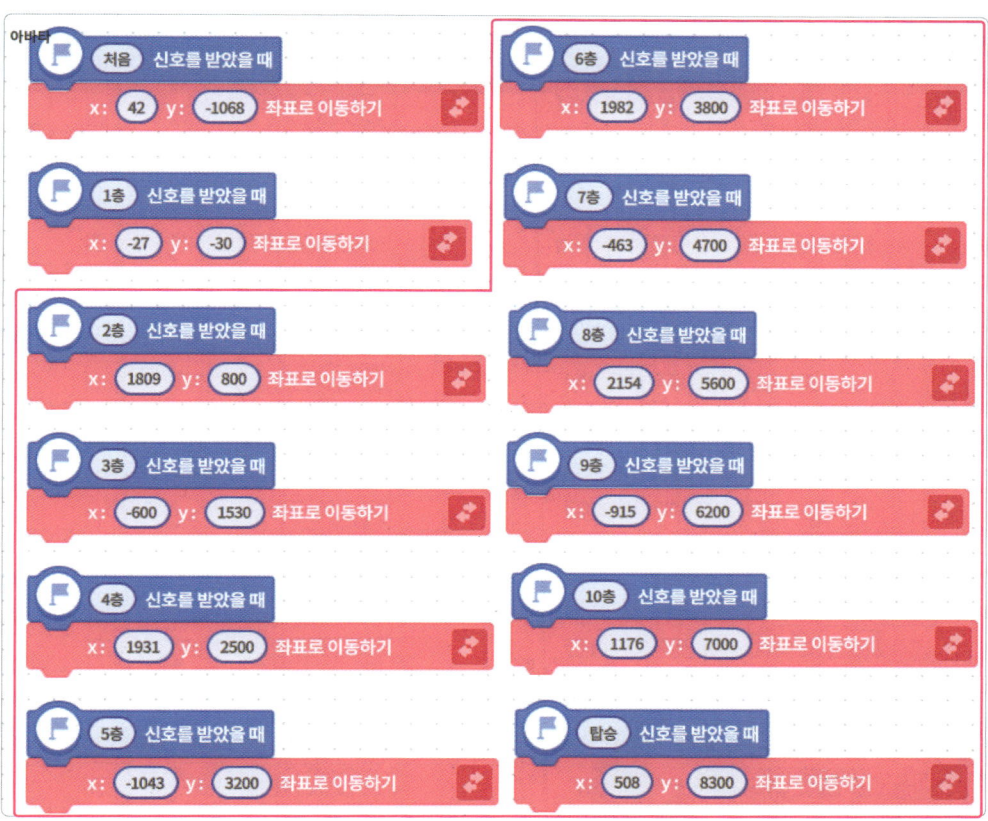

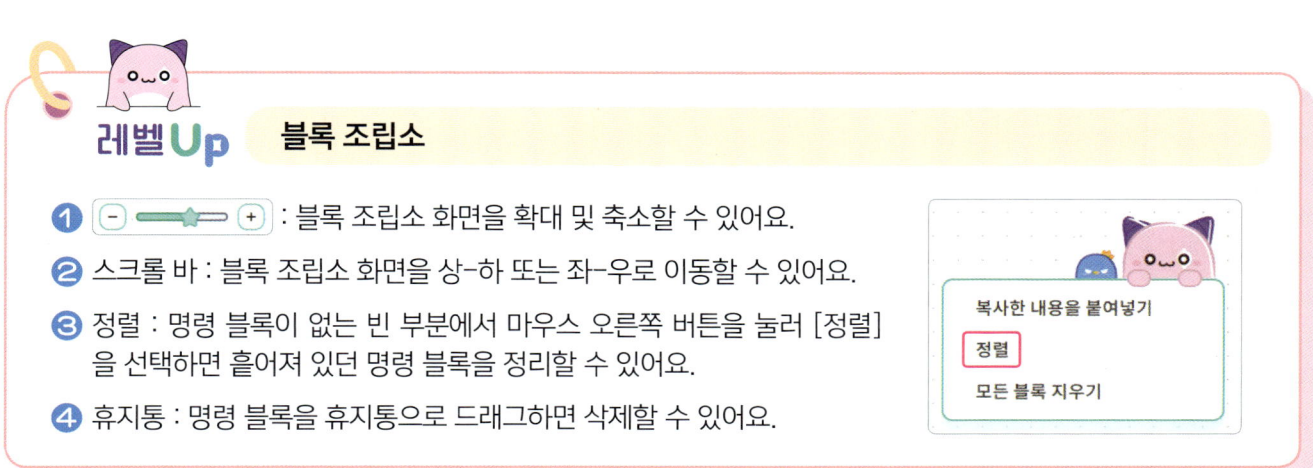

레벨Up 블록 조립소

❶ : 블록 조립소 화면을 확대 및 축소할 수 있어요.

❷ 스크롤 바 : 블록 조립소 화면을 상-하 또는 좌-우로 이동할 수 있어요.

❸ 정렬 : 명령 블록이 없는 빈 부분에서 마우스 오른쪽 버튼을 눌러 [정렬]을 선택하면 흩어져 있던 명령 블록을 정리할 수 있어요.

❹ 휴지통 : 명령 블록을 휴지통으로 드래그하면 삭제할 수 있어요.

미션 해결하기

① [해저탈출] 맵에서 각 층의 발판마다 숫자 오브젝트를 삽입하여 층을 구분할 수 있도록 아래 그림처럼 배치해 보세요.

Hint
[오브젝트 추가하기(+)]-[오브젝트 추가하기]를 클릭하고 [글자]에서 '빨간색 숫자' 오브젝트를 추가한 후 가로 및 세로 크기를 200% 변경해요. 똑같은 방법으로 10층까지 작업해 보세요.

② [탈출성공] 맵에서 글자(탈출 성공!)를 추가한 후 '글꼴(메이플)'과 '크기(200)'를 지정하고 위치를 변경해 보세요.

Hint
[오브젝트 추가하기(+)]-[글자 추가하기]를 클릭한 후 [글자] 탭에서 내용을 입력하고 서식을 지정합니다.

③ [해저탈출]을 선택한 후 시작하기(▶)를 클릭하여 내가 만든 월드를 플레이 하세요.

Hint
포털 중에서 한 개를 선택하여 위쪽 방향키(↑)를 누르면 정해진 위치로 이동할 수 있어요. '몬스터'에 닿으면 처음 위치로 돌아가기 때문에 1층부터 10층까지 빠르게 탈출하여 '배'에 도착해야 해요.

좀비를 피해 음식 찾기!

- 필요한 변수를 만들 수 있습니다.
- 오브젝트에 새로운 모양을 추가할 수 있습니다.
- 변수를 이용하여 특정 오브젝트에 닿았을 때 값을 증가시킬 수 있습니다.

📁 소스파일 7차시 소스파일.mod   📁 정답파일 7차시 정답파일.mod

미리보기

주요 오브젝트

오브젝트	설명
아바타	• 키보드 방향키와 Space Bar 를 이용하여 조종할 수 있어요. • '세 개의 창' 또는 '좀비'에 닿으면 처음 위치로 이동해요.
해물라면	• 음식에 '아바타'가 닿으면 '점수' 변수의 값이 1씩 증가해요. • 음식 오브젝트는 여러 종류로 총 9개가 있어요.
보물상자	'보물상자'에 '아바타'가 닿으면 모양이 바뀌면서 다양한 이벤트가 발생해요.
세 개의 창	• '아바타'가 닿으면 '생명' 변수의 값이 1씩 감소해요. • '좀비'도 '세 개의 창'과 동일한 코드가 작성되어 있어요.
배경	• '생명'과 '점수' 변수의 값을 초기화해요. • '생명' 및 '점수' 변수의 값이 지정한 값과 일치하면 특정 신호를 보내요.

Step 01 코딩에 필요한 '변수' 만들기

1. 헬로메이플을 실행한 후 [만들기]-[학급]-<+새로 만들기>-<+새로 만들기>- 새로 만들기 를 클릭해요.
   컴퓨터에 저장된 **7차시 소스 파일**을 불러와 월드 이름(7차시)을 입력한 후 <확인>을 클릭해요.

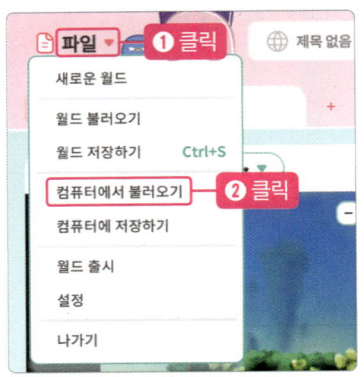

2. 코딩에 필요한 변수를 만들기 위해 [블록] 탭에서 [변수]-**변수 만들기**를 선택한 후 이름(**점수**)을 입력하고 <확인>을 클릭해요.

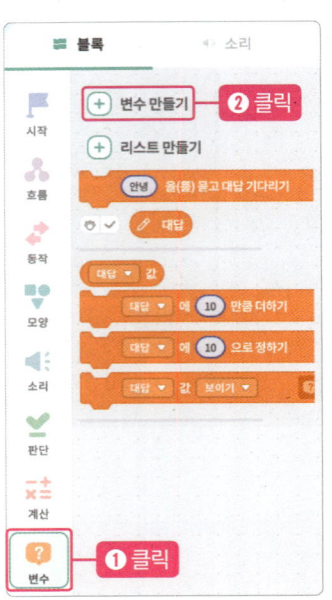
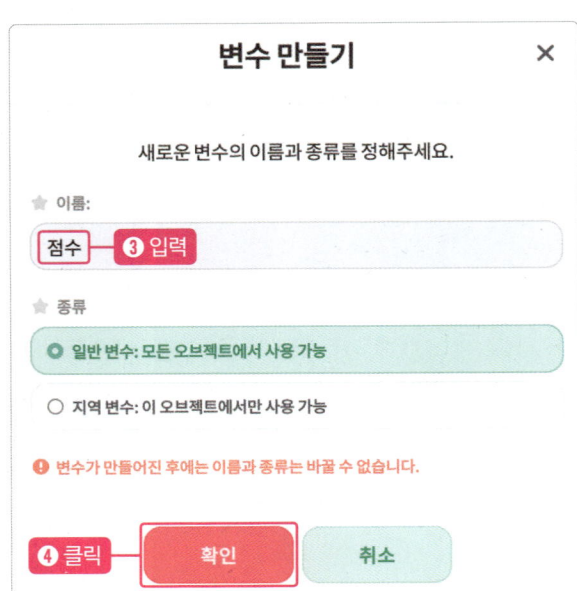

3. **점수** 변수가 추가되면 똑같은 방법으로 **생명** 변수를 추가해요.

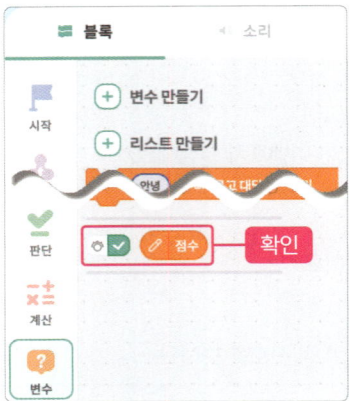
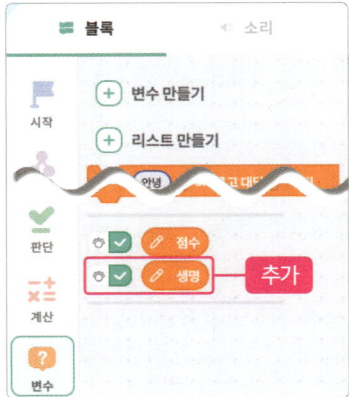

변수(변하는 수)란?

변수는 하나만 담을 수 있는 작은 박스예요. 박스 안에 있는 건 언제든지 다른 걸로 바꿀 수 있지만, 한 번에 여러 개를 넣을 수는 없어요. 코딩에서는 이 박스를 이용해서 숫자나 글자를 담아두고, 필요할 때 바꿔서 사용해요. 예를 들어, 음식에 닿을 때마다 점수가 올라가게 하려면 '점수'라는 변수를 만들고, 닿을 때마다 1씩 더하면 돼요.

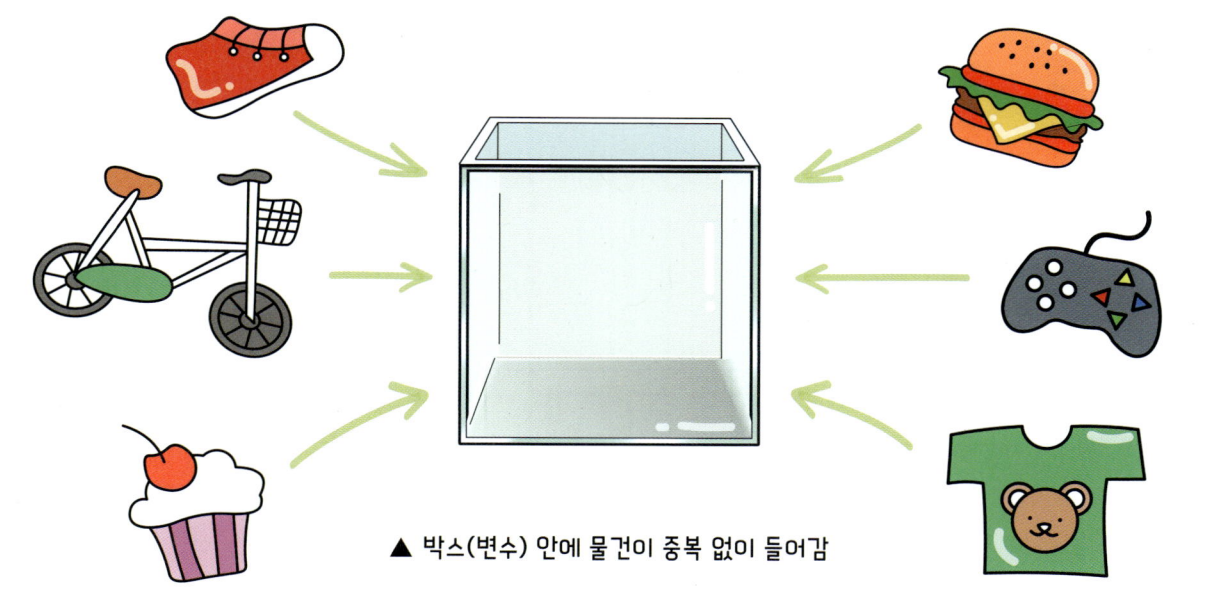

▲ 박스(변수) 안에 물건이 중복 없이 들어감

Step 02 '음식'에 닿으면 점수를 1점씩 증가시키기

1 실행화면을 적당히 축소한 후 아바타 바로 앞에 있는 **해물라면**을 클릭해요.

2 기본적으로 작성된 코드에 [변수]의 [대답 ▼ 에 10 만큼 더하기] 를 [모양 숨기기] 아래쪽에 연결한 후 **대답(점수)** 과 **10(1)** 을 변경해요.

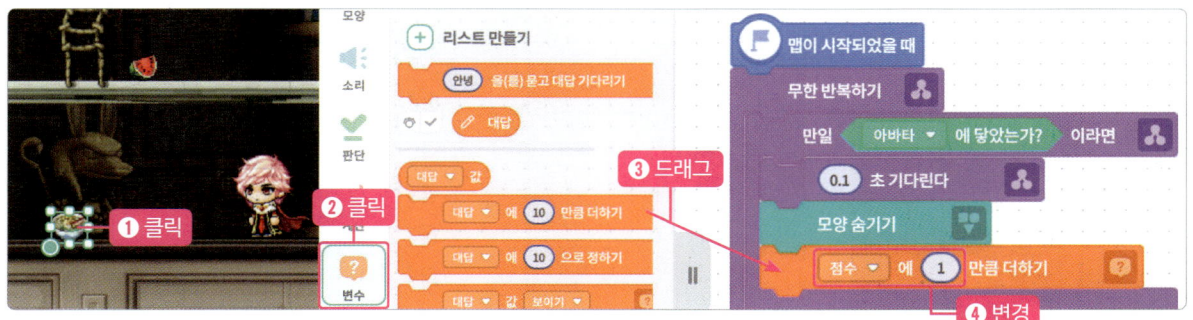

TIP '해물라면'에 '아바타'가 닿으면 모양을 숨기고 '점수' 변수에 '1'을 더해 값을 증가시켜요.

3 똑같은 방법으로 오브젝트 목록에서 음식을 선택한 후 를 연결하고 **변수명(점수)**과 **값(1)**을 변경해요.

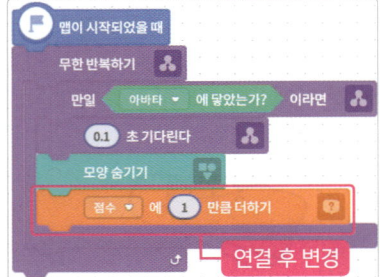

TIP 음식은 총 9개로 1층에 2개, 2층에 2개, 3층에 2개, 4층에 1개, 5층에 2개가 있으며, '아바타'가 모든 음식을 찾으면 '점수' 변수는 계속 1씩 증가하여 마지막에는 '9'가 돼요.

Step 03 오브젝트에 새로운 모양 추가하기

1 오브젝트를 추가하기 위해 [오브젝트 추가하기(+)]-[오브젝트 추가하기]를 클릭해요. 오브젝트 목록이 나오면 [물건]에서 **보물상자**를 클릭한 후 오브젝트 창을 닫아요.

2 실행화면에 추가된 보물상자를 클릭한 후 [모양] 탭에서 **상태 추가하기**를 클릭해요. 이름 입력 대화상자가 나오면 **포션**을 입력하고 <확인>을 클릭해요.

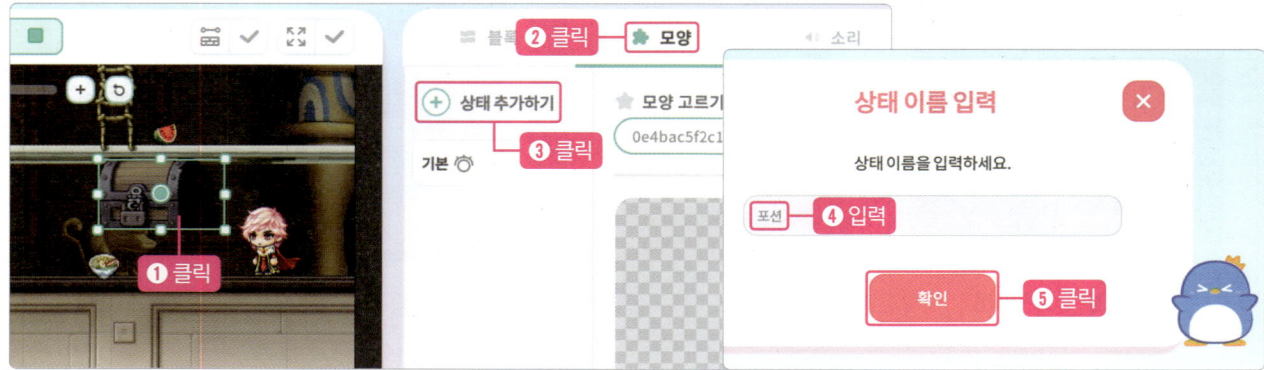

TIP '상태 추가하기'를 이용하여 오브젝트에 여러 가지 새로운 모양을 추가할 수 있어요.

3 새롭게 추가된 포션을 선택 후 **모양 고르기**(⊙)를 클릭해요. 오브젝트 목록이 나오면 [물건]에서 **포션**을 클릭해요.

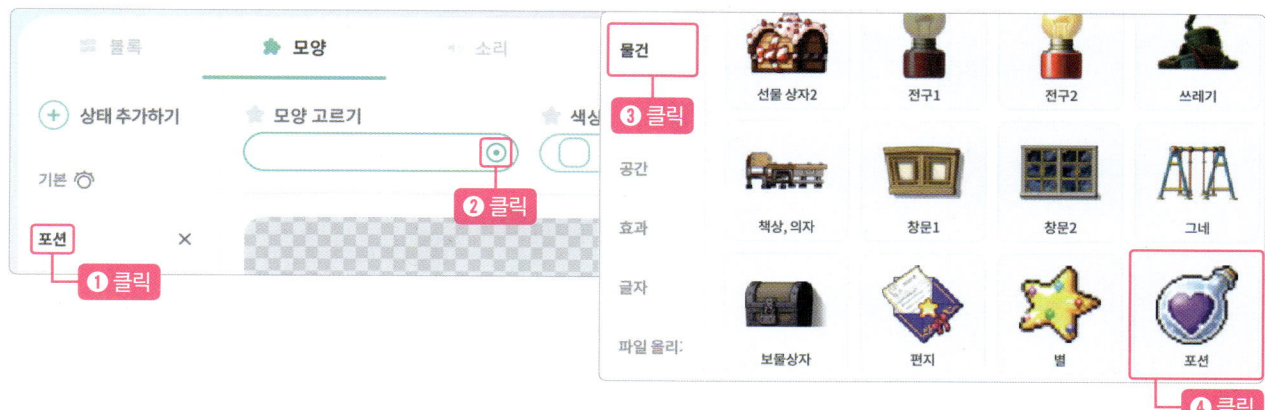

4 포션에 선택한 오브젝트 모양이 추가되면 코드 작업을 위해 **[블록]** 탭을 클릭해요.

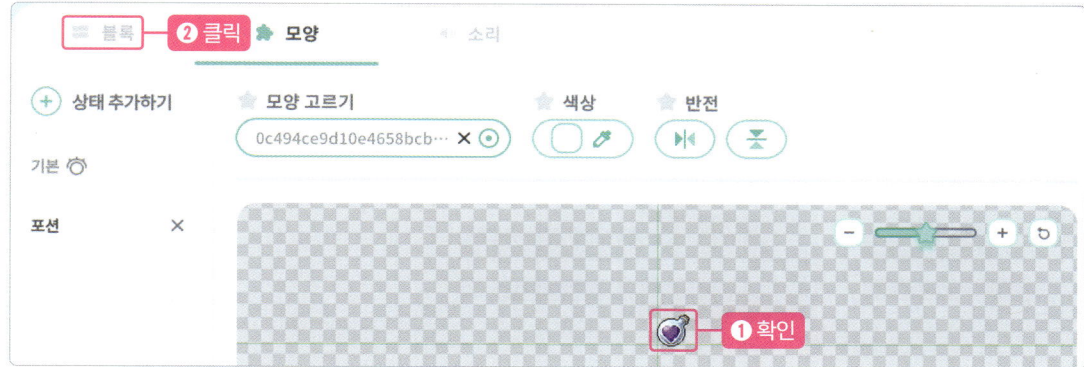

5 **보물상자** 오브젝트가 선택된 상태에서 아래 그림처럼 **X-Y 좌표값** 및 **가로-세로 크기**를 변경해요.

Step 04 '보물상자' 오브젝트에 코드 작성하기

1 **보물상자**가 선택된 상태에서 의 [맵이 시작되었을 때] 을 드래그해요.

07 좀비를 피해 음식 찾기! **55**

2 에서 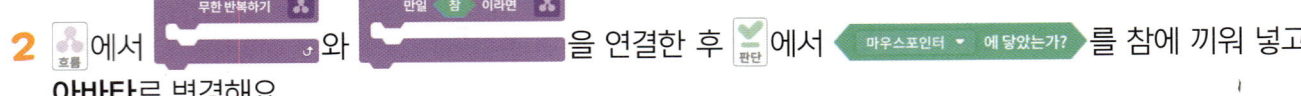을 연결한 후 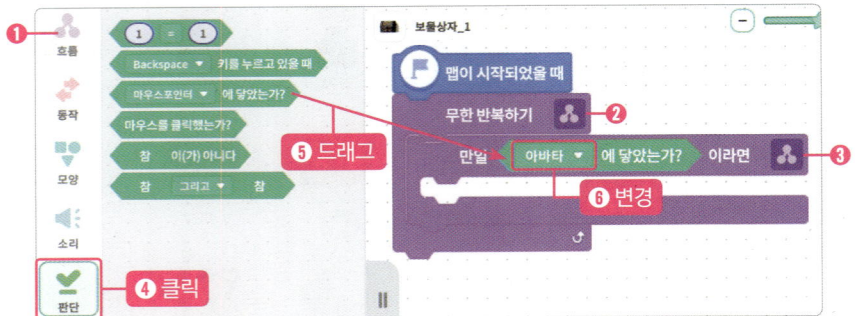 에서 를 참에 끼워 넣고 **아바타**로 변경해요.

레벨 Up 게임에 자주 사용되는 명령 블록의 조합

코드를 작성할 때 '~에 닿았는가' 또는 '~키를 누르고 있을 때'를 확인하는 코드는 게임 만들기에서 자주 사용되기 때문에 블록 전체를 공식처럼 외워두는 것이 좋아요!

3 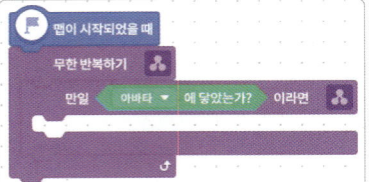에서 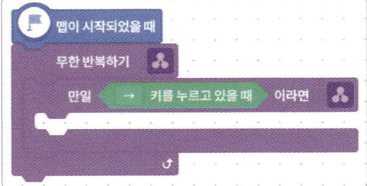를 안쪽에 연결한 후 **포션**으로 변경해요.

4 에서 를 연결한 후 **0.5**로 변경하고 에서 를 연결해요.

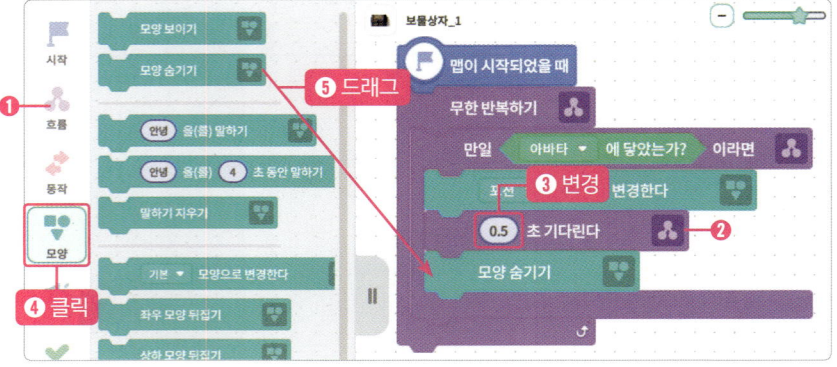

TIP '보물상자'에 '아바타'가 닿으면 모양을 '포션'으로 변경하고 0.5초 뒤에 실행화면에서 보이지 않게 모양을 숨겨요.

5 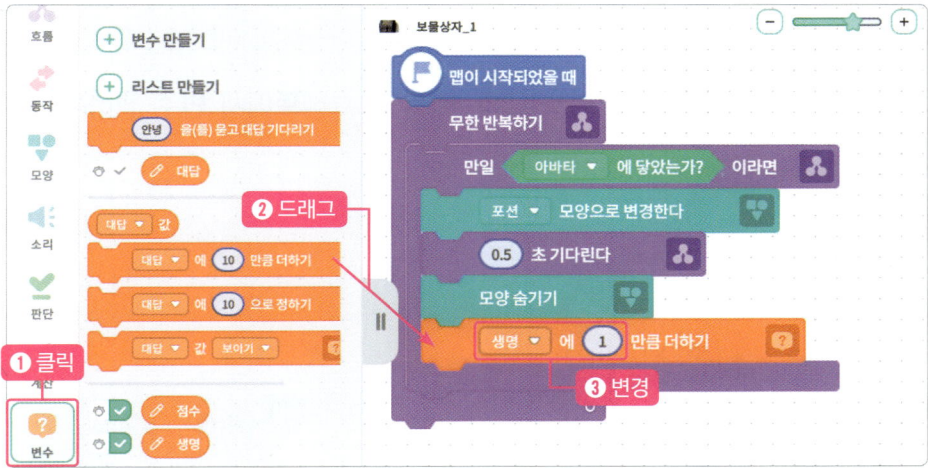에서 를 연결한 후 **대답(생명)**과 **10(1)**을 변경해요.

TIP '아바타'가 해당 오브젝트에 닿으면 '생명' 변수의 값을 '1' 증가시켜요.

Step 05 특정 오브젝트의 변수 이름 변경하기

1 오브젝트 목록에서 **좀비**와 **세 개의 창**을 선택한 후 변수의 이름을 대답에서 **생명**으로 변경해요.

TIP '좀비'와 '세 개의 창'에는 미리 코드가 작성되어 있으며, 각 3개씩 총 6개의 오브젝트가 있어요.

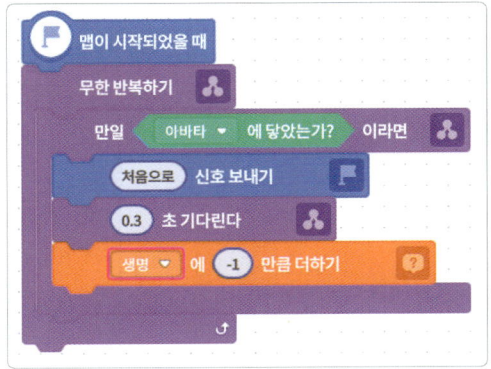
▲ '좀비' 변수명 수정

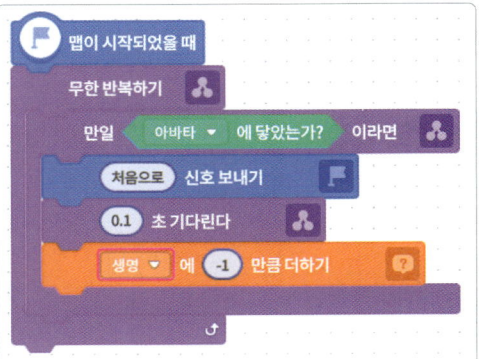
▲ '세 개의 창' 변수명 수정

TIP '좀비' 또는 '세 개의 창'에 '아바타'가 닿으면 '생명' 변수의 값을 '1' 감소시켜요.

07 좀비를 피해 음식 찾기! **57**

미션 해결하기

① 플레이가 시작되면 '생명'과 '점수' 변수값이 초기화 되도록 '배경' 오브젝트에서 변수 정하기 블록을 추가하여 값을 변경해 보세요.

Hint
변수 초기화 작업은 플레이가 시작될 때마다 지정한 값을 세팅하는 것으로 '생명' 변수의 값은 '3', '점수' 변수의 값은 '0'으로 정해요.

② 점수가 '9'이면 게임클리어, 생명이 '0'이면 게임오버 신호를 보낼 수 있도록 변수 블록을 추가한 후 값을 변경해 보세요.

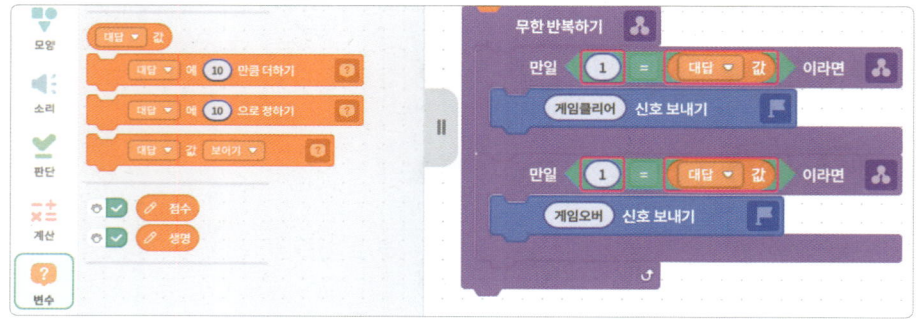

Hint
게임클리어 신호는 '점수' 변수값이 '9'와 같은지 비교하고, 게임오버 신호는 '생명' 변수값이 '0'과 같은지 비교하면 돼요. 각각의 변수값은  와  블록에 들어 있어요.

③ 시작하기(▶)를 클릭하여 흩어져 있는 음식을 찾아보세요.

Hint
1층부터 5층까지 흩어져 있는 모든 음식을 찾아야 해요. 음식을 찾는 도중에 '좀비' 또는 '세 개의 창'에 닿으면 생명 1개가 줄어들고 처음 위치로 돌아가요. 음식을 찾을 때 '보물상자'도 함께 찾는 것을 잊지 마세요.

Challenge 08 몬스터 O/X 퀴즈

- 실행화면이 좌-우로 움직이지 않도록 고정시킬 수 있습니다.
- 초시계를 이용하여 원하는 시간만큼 카운트다운 할 수 있습니다.
- 글자 내용을 바꾸고 여러 내용을 한 줄로 연결하여 표시할 수 있습니다.

📁 **소스파일** 8차시 소스파일.mod   📁 **정답파일** 8차시 정답파일.mod

미리보기

주요 오브젝트

오브젝트	설명
아바타	• 지정된 x-y 좌표값 이상을 넘어갈 수 없어요. • O 또는 X 위치에 따라 '정답' 또는 '오답' 신호를 보낼 수 있어요.
구분선	실행화면이 움직이지 않도록 고정시켜요.
monster…	• 문제를 출제한 후 정답 확인을 요청해요. • 오답인 경우 '아바타' 위치로 이동하여 공격을 해요.
남은 시간	• 문제가 출제되면 12초를 카운트다운해요. • 다음 문제가 출제되면 초시계를 초기화해요.
게임끝	• 닉네임으로 글자 내용을 바꿔요. • 여러 내용을 연결하여 한 줄로 보여줘요.

Step 01   오브젝트를 이용하여 실행화면 고정하기

1 헬로메이플을 실행한 후 [만들기]-[학급]-<+새로 만들기>-<+새로 만들기>- 새로 만들기 를 클릭해요.
컴퓨터에 저장된 **8차시 소스 파일**을 불러와 월드 이름(8차시)을 입력한 후 <확인>을 클릭해요.

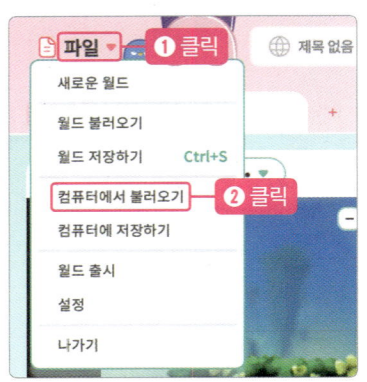 

2 파일이 열리면 **시작하기**(▶)를 클릭하여 아바타를 좌-우 화면 끝까지 이동시킨 후 **멈추기**(■)를 클릭해요.

3 실행화면을 고정하기 위해 **구분선**을 클릭한 후 🚩(시작)에서 `맵이 시작되었을 때`을 드래그하고 🔗(흐름)에서 `무한 반복하기`를 연결해요.

4 💠(동작)에서 `화면이 오브젝트 따라다니기` 를 안쪽에 연결한 후 **시작하기**(▶)를 클릭하여 실행화면이 고정되는지 확인해 보세요.

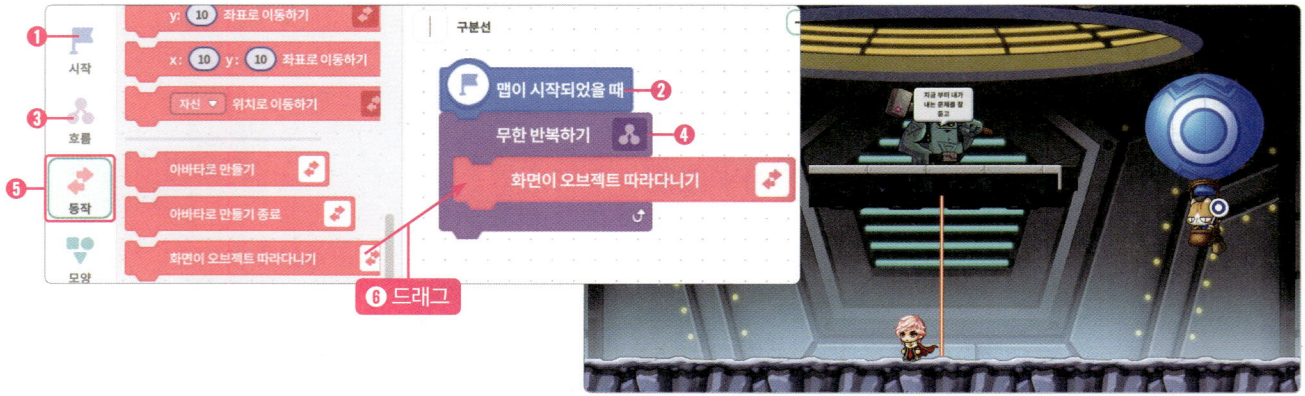

TIP 고정된 가운데 '구분선'을 기준으로 화면이 따라다니기 때문에 '아바타'를 이동시켜도 실행화면이 움직이지 않아요.

글자를 추가한 후 '초시계 값'으로 글자 내용 바꾸기

1 [오브젝트 추가하기(+)]-[글자 추가하기]를 클릭한 후 [글자] 탭에서 내용을 **00.0**으로 변경해요.

2 글자 오브젝트가 추가되면 **이름(남은 시간)**과 **x(600), y(1425) 좌표값**을 변경해요.

TIP x-y 좌표값을 변경하면 '글자'가 몬스터 위쪽으로 배치돼요.

3 **남은 시간**이 선택된 상태에서 [블록] 탭을 클릭해요. 이어서, 시작에서 맵이 시작되었을 때 을 드래그한 후 모양의 모양 숨기기 와 흐름의 무한 반복하기 를 연결해요.

4 글자 내용을 바꾸기 위해 T글자 에서 새로운 내용 값으로 글자 내용 바꾸기 T 를 안쪽에 연결해요.

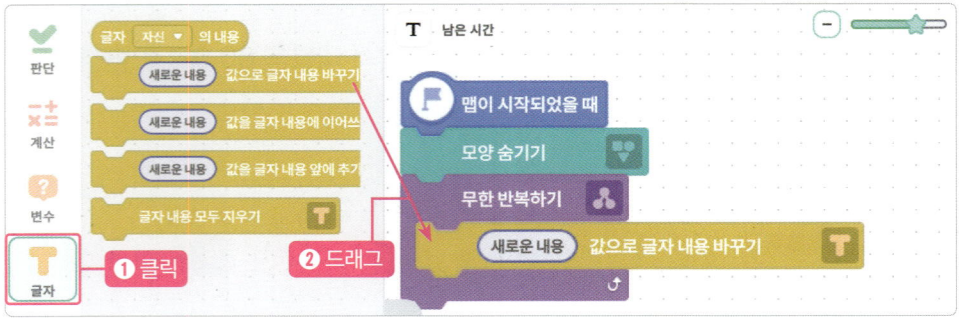

5 내용을 카운트다운 시간으로 변경하기 위해 계산 에서 1 + 1 을 끼워 넣은 후 초시계값 을 오른쪽 1에 끼워 넣어요. 이어서, 1(12)과 +(−)를 변경해요.

TIP '12'에서 초시계 값(0.1, 0.2, 0.3, ...12)을 계속 빼기 때문에 마지막에는 '0'이 돼요.

Step 03 신호를 받았을 때 '초시계'를 제어하는 코드 작성하기

1 초록색 몬스터가 **문제 공개** 신호를 보냈을 때 실행화면에 남은 시간이 보이도록 하기 위해 시작 에서 임의의 신호를 받았을 때 를 드래그한 후 신호 이름을 **문제 공개**로 변경해요.

TIP '남은 시간' 오브젝트가 선택된 상태에서 추가로 코드를 작성해요.

2 ![모양]에서 `모양 보이기`와 ![계산]에서 `초시계 시작하기`를 연결해요.

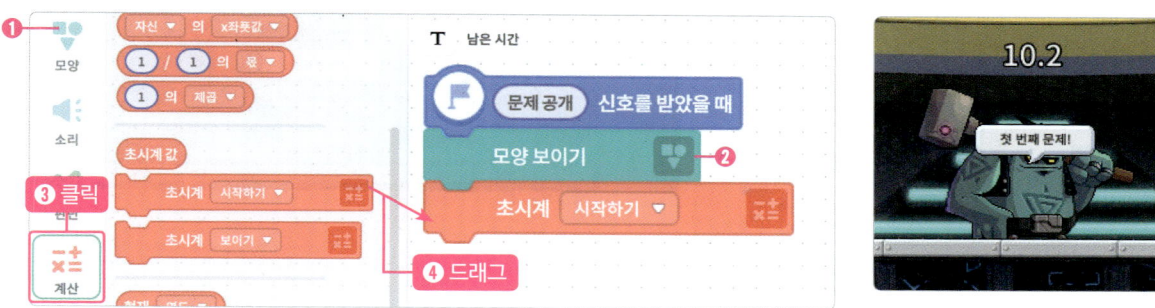

TIP 몬스터가 '문제 공개' 신호를 보내면 실행화면에 카운트다운 시간(12초)이 나타나요.

3 한 문제 출제가 끝날 때마다 초시계를 초기화하기 위해 ![시작]에서 `임의의 신호를 받았을 때`을 드래그한 후 신호 이름을 **정답 확인**으로 변경해요.

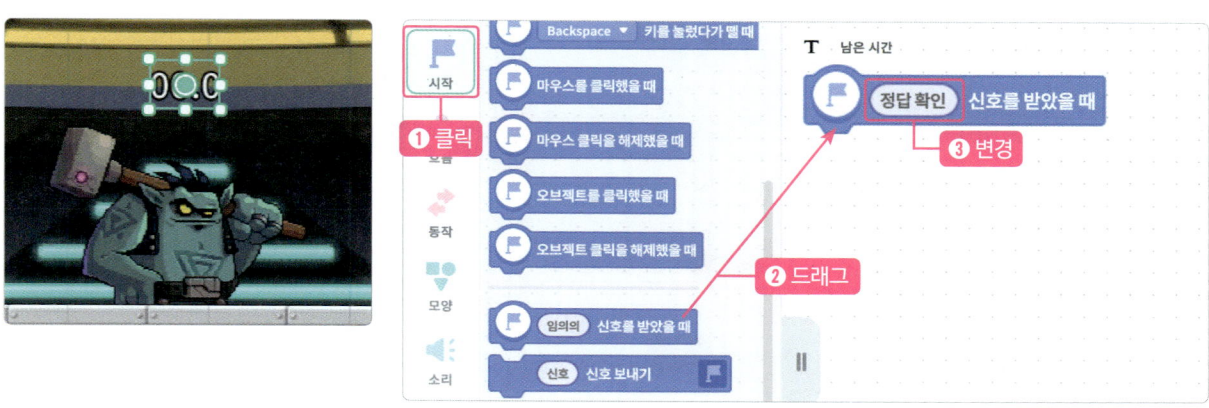

4 ![모양]에서 `모양 숨기기`와 ![계산]에서 `초시계 시작하기` 2개를 연결한 후 시작하기를 **정지하기**와 **초기화하기**로 각각 변경해요.

TIP 몬스터가 '정답 확인' 신호를 보내면 '남은 시간'을 실행화면에서 보이지 않게 숨기고, 다음 문제 출제를 위해 초시계를 정지한 후 '0'으로 초기화해요.

5 **시작하기(▶)**를 클릭한 후 문제 출제가 끝나고 다음 문제가 나올 때 초시계가 다시 0부터 시작되는지 확인해요.

Step 04 게임이 종료되면 '닉네임'과 '변수'를 이용하여 결과 보여주기

1 오브젝트 목록에서 **게임끝**을 선택한 후 에서 닉네임 을 첫 번째 **새로운 내용**에 끼워 넣어요.

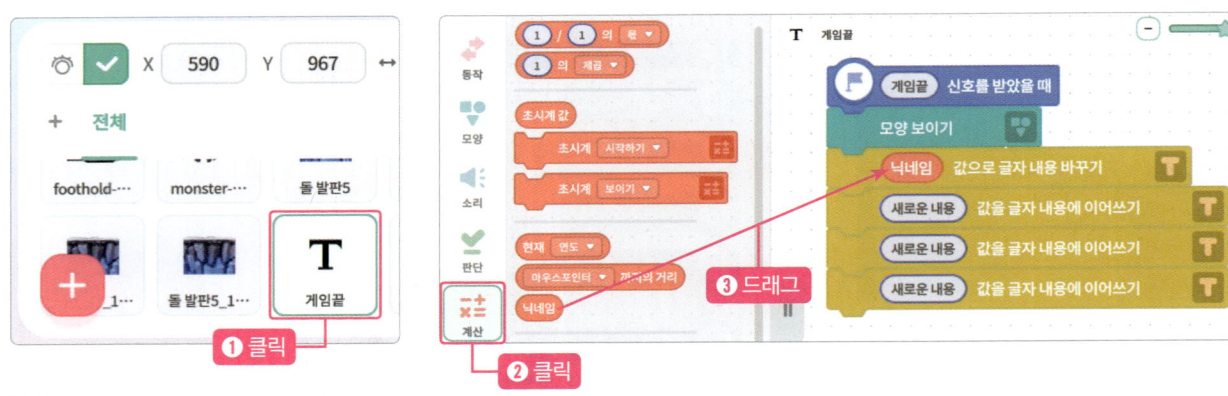

2 에서 정답 개수 를 세 번째 **새로운 내용**에 끼워 넣은 후 아래 그림처럼 내용을 변경해요.

TIP '정답 개수는'을 입력할 때는 Space Bar 로 앞-뒤에 공백(' 정답 개수는 ')을 추가해요.

레벨Up 새로운 내용 값을 글자 내용에 이어쓰기 T 명령 블록

앞쪽 내용 뒤쪽에 새로운 내용을 연결할 때 사용해요. '게임끝' 신호를 받으면 블록 내용을 연결("닉네임+정답 개수는+숫자+개 입니다")하여 한 줄로 보여줘요.

미션 해결하기

① '몬스터'를 선택하여 여러분이 원하는 문제와 정답으로 내용을 수정하거나 문제 내용을 추가해 보세요.

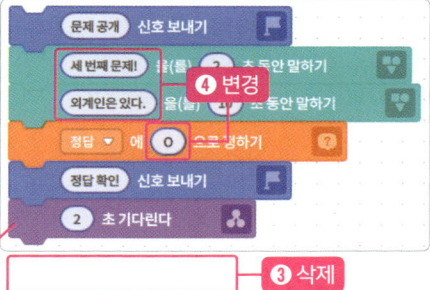

Hint
문제 중간의 '문제 공개 신호 보내기'와 연결된 블록 전체를 복제한 후 '게임끝 신호 보내기'와 '모든 코드 멈추기'를 휴지통으로 드래그하여 삭제해요. 새로운 문제와 답안으로 내용을 변경한 후 아래쪽 '2초 기다린다'와 '게임끝 신호 보내기' 사이에 끼워 넣어요.

② 플레이가 시작되면 'X 풍선'과 'O 풍선'이 위-아래로 3초 동안 50만큼 계속 움직이도록 코드를 작성해 보세요.

Hint
일정한 시간 동안 특정 x-y 좌표만큼 움직이는 명령 블록은 에 있으며, 풍선이 위-아래로만 움직이기 때문에 x좌표는 '0'으로 고정한 채 y좌표값만 50과 -50으로 변경하면 돼요.

③ 시작하기(▶)를 클릭하여 O/X 퀴즈 문제를 풀어보세요.

Hint
가운데 '구분선'을 기준으로 문제의 답이 틀리면 '왼쪽', 맞으면 '오른쪽'으로 '아바타'를 이동시켜요.

Challenge 09 드론 레이싱 경기

- 실행화면이 오브젝트를 따라다니게 할 수 있습니다.
- 특정 키를 눌렀을 때 x좌표 및 y좌표를 입력한 값만큼 바꿀 수 있습니다.
- 신호를 받았을 때 모양을 바꾸고 지정된 x-y 좌표로 이동시킬 수 있습니다.

📁 **소스파일** 9차시 소스파일.mod   📁 **정답파일** 9차시 정답파일.mod

주요 오브젝트

오브젝트	설명
드론	• '드론'이 이동하는 방향으로 실행화면이 계속 따라다녀요. • 방향키와 스페이스바를 이용하여 조종할 수 있어요.
카운트	• 1초 간격으로 모양을 바꿔가며 총 3초를 카운트다운해요. • 3초가 지나면 '출발' 신호와 함께 초시계를 세팅해요.
길1	'드론'에 닿으면 '폭발'과 함께 '제자리' 신호를 보내요.
트랩3	'드론'에 닿으면 '폭발'과 함께 '제자리' 신호를 보내요.
통과	'드론'에 닿으면 초시계를 멈추고 '골인' 신호를 보내요.

Step 01 레이싱 기본 환경 세팅하기

1 **9차시 소스 파일**을 불러와 월드 이름(9차시)을 입력한 후 <확인>을 클릭해요.

2 실행화면 또는 오브젝트 목록에서 **드론**을 선택하고 [시작]에서 [맵이 시작되었을 때]를 드래그한 후 [동작]에서 [화면이 오브젝트 따라다니기]를 연결해요.

TIP 맵이 시작되면 실행화면이 '드론'을 계속 따라다니면서 다른 위치의 배경을 보여줘요.

3 [모양]에서 [좌우 오브젝트 뒤집기]와 [기본 모양으로 변경한다]를 연결한 후 모양을 **이동**으로 변경해요.

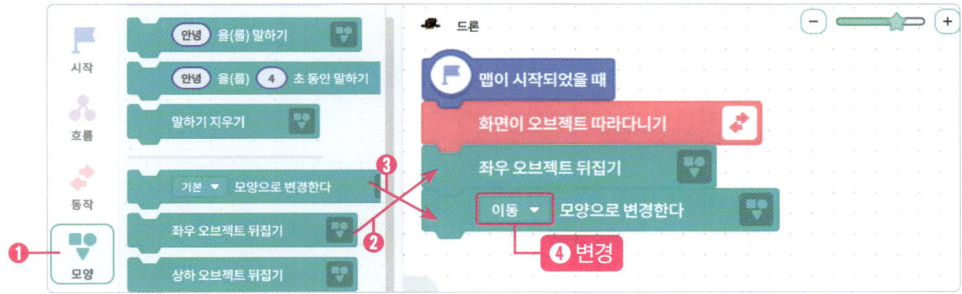

TIP 맵이 시작되면 '드론'이 오른쪽 방향을 바라본 후 '이동' 모양으로 변경해요.

Step 02 방향키와 스페이스바를 이용하여 '드론' 조종하기

1 [시작]에서 [맵이 시작되었을 때]을 드래그한 후 [흐름]에서 [10 초 기다린다]와 [무한 반복하기]를 연결하고 초를 3으로 변경해요.

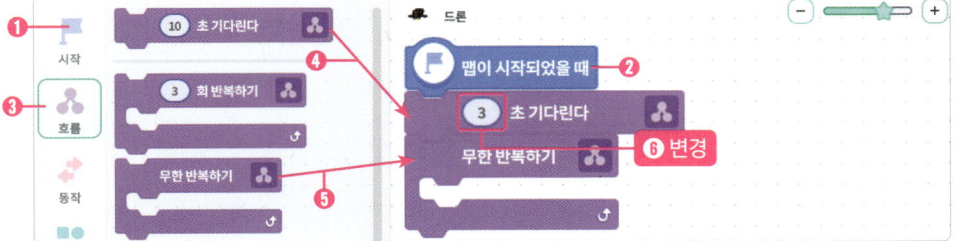

TIP 3초를 기다리는 이유는 맵 시작과 함께 '카운트' 오브젝트가 3초 동안 숫자를 세기 때문이에요.

2  에서 `x좌표를 10 만큼 바꾸기` 를 안쪽에 연결한 후 **5**로 변경해요.

TIP '드론'이 3초를 기다렸다가 오른쪽으로 5만큼 계속 이동해요.

3  에서 `만일 참 이라면` 을 연결한 후 `Backspace 키를 누르고 있을 때` 를 **참**에 끼워 넣고 ←로 변경해요.

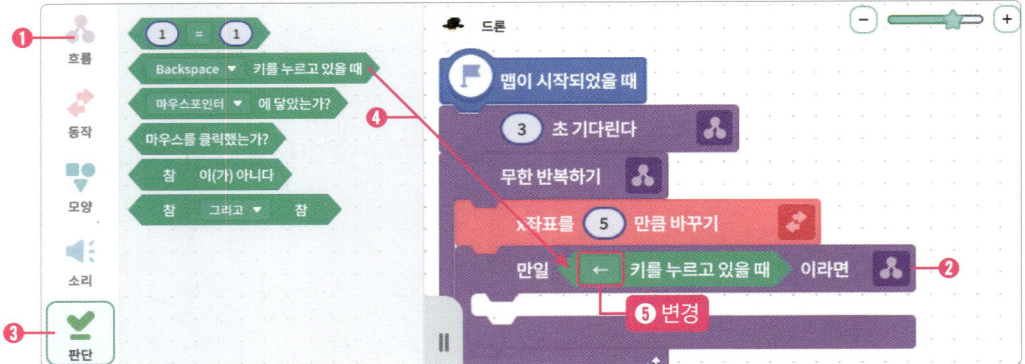

4 에서 `x좌표를 10 만큼 바꾸기` 를 안쪽에 연결하고 **-4**로 변경한 후 `만일 참 이라면` 위에서 마우스 오른쪽 버튼을 눌러 **[여기부터 복제]**를 클릭해요.

5 복제된 코드를 아래쪽에 연결한 후 **키(Space)**와 **x좌표 값(10)**을 변경해요.

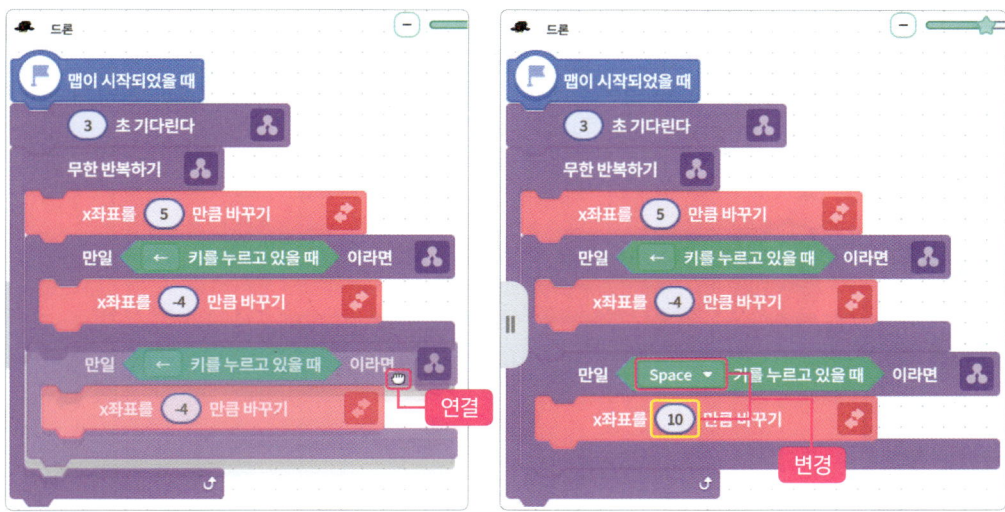

TIP '드론'이 앞으로 이동하다가 ←를 누르면 속도를 줄여 천천히 이동하고, Space Bar 를 누르면 앞으로 빠르게 이동해요.

6 첫 번째 [만일 참 이라면] 위에서 마우스 오른쪽 버튼을 눌러 **[여기부터 복제]**를 클릭하여 아래쪽에 연결한 후 [x좌표를 10 만큼 바꾸기] 블록을 각각 휴지통으로 드래그해요.

7 키를 ↑와 ↓로 변경한 후 [동작]에서 [y좌표를 10 만큼 바꾸기] 2개를 안쪽에 연결하여 위쪽 y좌표는 **1.3**, 아래쪽 y좌표는 **-1.3**으로 변경해요. 이어서, **시작하기(▶)**를 클릭하여 작성한 코드를 테스트해 보세요.

TIP ↑를 누르면 '드론'이 위로 이동하고, ↓를 누르면 아래로 이동해요.

Step 03 '드론'이 신호를 받았을 때 처리하기

1 **드론**이 선택된 상태에서 시작의 임의의 신호를 받았을 때 을 드래그하여 **폭발**로 변경해요. 이어서, 모양에서 기본 ▼ 모양으로 변경한다 를 연결하고 **죽음**으로 변경해요.

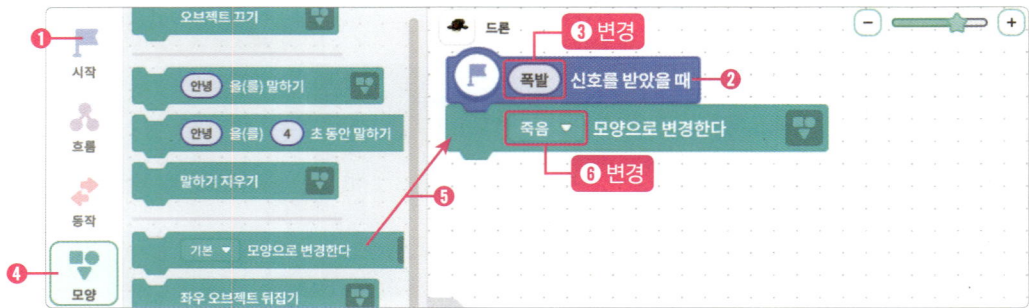

2 폭발 신호를 받았을 때 위에서 마우스 오른쪽 버튼을 눌러 **[여기부터 복제]**를 클릭한 다음 동작에서 x: 10 y: 10 좌표로 이동하기 를 연결해요.

3 복사된 코드의 **신호명(제자리), 모양(이동), 좌표(x : -920, y : -50)**를 각각 변경해요.

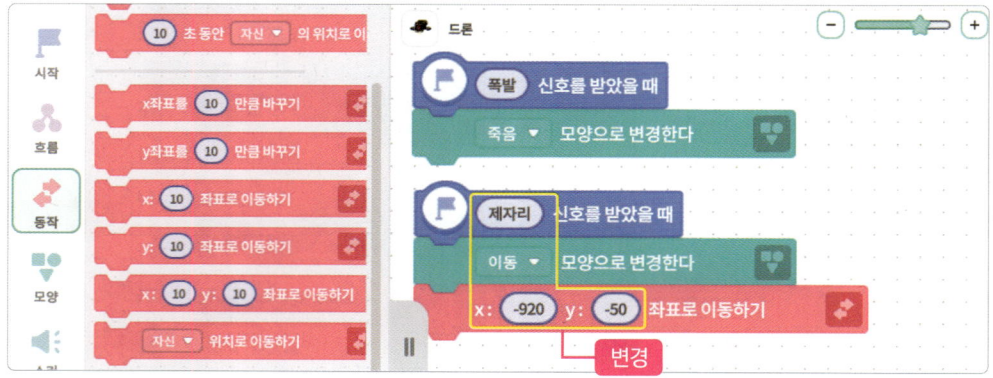

TIP 레이싱 도중 '드론'이 '길(경계선)'이나 '트랩(함정)'에 닿으면, '폭발'과 '제자리' 신호를 받아요. '폭발' 신호는 드론의 모양을 바꾸고, '제자리' 신호는 드론을 다시 출발 위치로 이동시켜요.

미션 해결하기

① 맵이 시작되면 '카운트' 오브젝트가 1초 간격으로 총 3초를 카운트다운 할 수 있도록 코드를 작성해 보세요.

Hint
총 3초를 카운트다운 할 수 있도록 1초 간격으로 모양(2, 1)을 바꾸며, 맨 마지막에는 1초가 지난 후 모양을 숨기도록 블록을 연결합니다.

② 3초 카운트다운이 끝나면 '출발' 신호를 보내고 '초시계'가 시작되면서 실행화면에 보이도록 코드 아래쪽에 연결해 보세요.

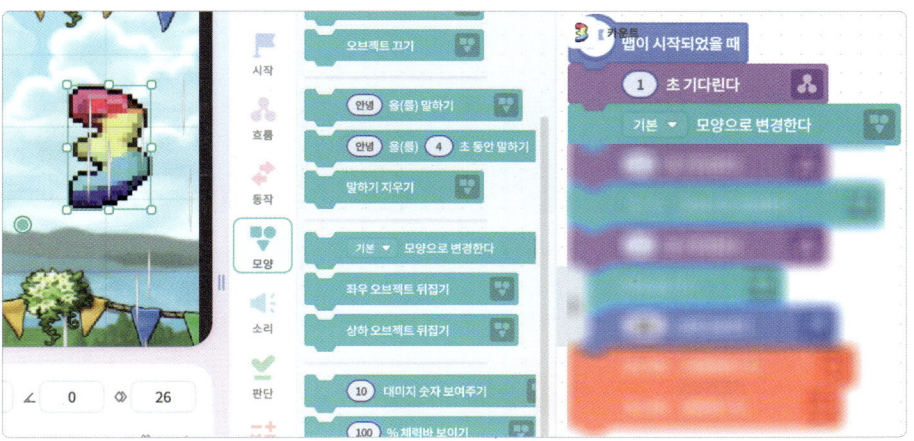

Hint
'초시계 시작하기' 및 '초시계 보이기' 명령 블록은  에 있어요.

③ 시작하기(▶)를 클릭하여 방향키와 Space Bar 를 이용하여 드론을 조종해 보세요.

Hint
수직 방향으로 위로 올라갈 때는 , ↑를 함께 누르며, 반대로 아래로 내려갈 때는 , ↓를 함께 눌러주세요.

09 드론 레이싱 경기 71

날아라 몬스터!

- 변수와 Space Bar 를 이용하여 y좌표 값을 변경할 수 있습니다.
- 2개의 조건 중 하나만 만족해도 연결된 블록을 실행할 수 있습니다.
- 지정된 범위를 벗어나지 못하도록 제어할 수 있습니다.

📁 소스파일   10차시 소스파일.mod   📁 정답파일   10차시 정답파일.mod

오브젝트	설명
몬스터	• 아래로 계속 떨어지다가 Space Bar 를 누르면 위로 올라가요. • '막대1' 또는 '막대2'에 닿으면 '생명' 변수를 '1' 감소시켜요.
막대1	• 실행화면 위쪽에서 임의의 시간 간격으로 자신을 복제해요. • 본제본은 왼쪽 끝까지 이동한 후 '점수' 변수를 '1' 증가시켜요.
막대2	• 실행화면 아래쪽에서 임의의 시간 간격으로 자신을 복제해요. • 본제본은 왼쪽 끝까지 이동한 후 '점수' 변수를 '1' 증가시켜요.
T 게임설명	맵이 실행되면 4초 동안 게임설명 내용을 보여준 후 숨겨요.
T 게임오버	생명이 '0'이 되어 '게임오버' 신호를 받으면 화면에 나타나 최종 점수를 보여줘요.

Step 01 　Space Bar 를 눌렀을 때 위로 이동하기

1. **10차시 소스 파일**을 불러와 월드 이름(10차시)을 입력한 후 <확인>을 클릭해요.

2. 파일이 열리면 변수를 만들기 위해 에서 **변수 만들기**를 선택한 후 이름에 **몬스터y값**을 입력하고 <확인>을 클릭해요. 변수가 만들어지면 ✅을 클릭하여 실행화면에서 숨겨요.

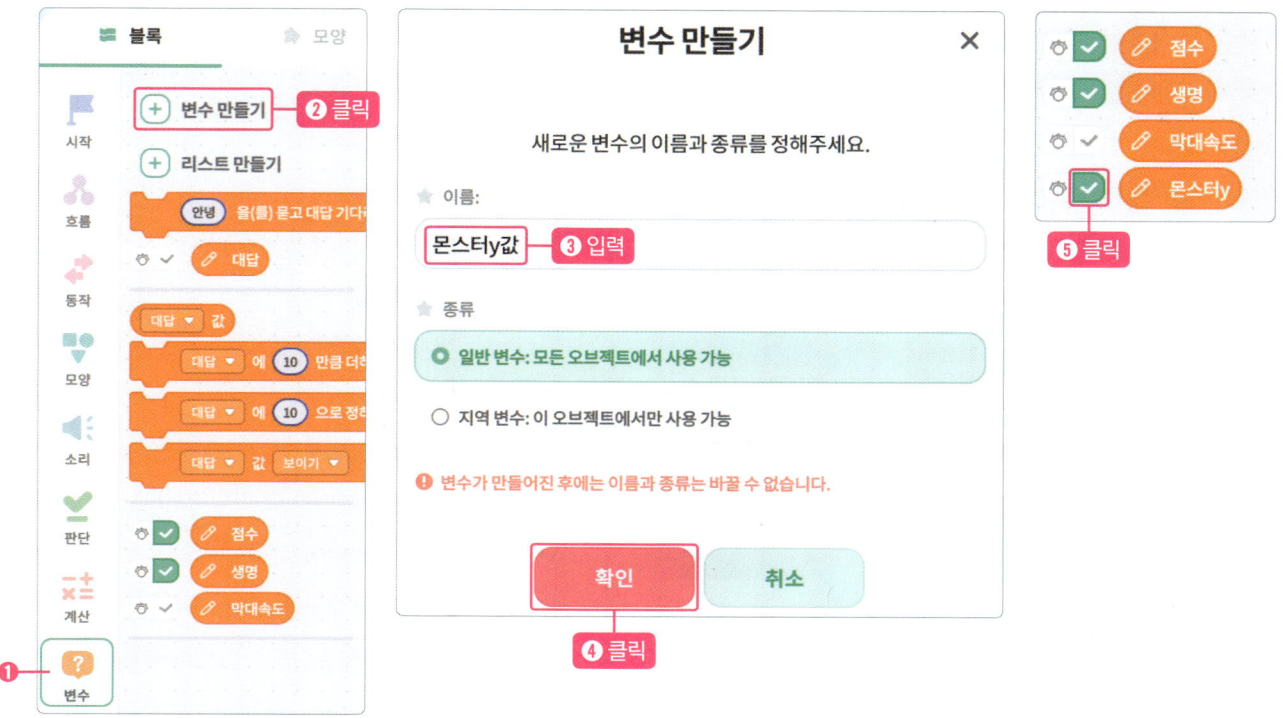

TIP 소스 파일에 '점수, 생명, 막대속도' 변수는 미리 만들어서 추가했어요.

3. 실행화면 또는 오브젝트 목록에서 **몬스터**를 선택한 후 시작에서 「맵이 시작되었을 때」를 드래그해요. 이어서, 변수에서 「대답에 10으로 정하기」를 연결하고 **몬스터y값**과 **-1**로 변경해요.

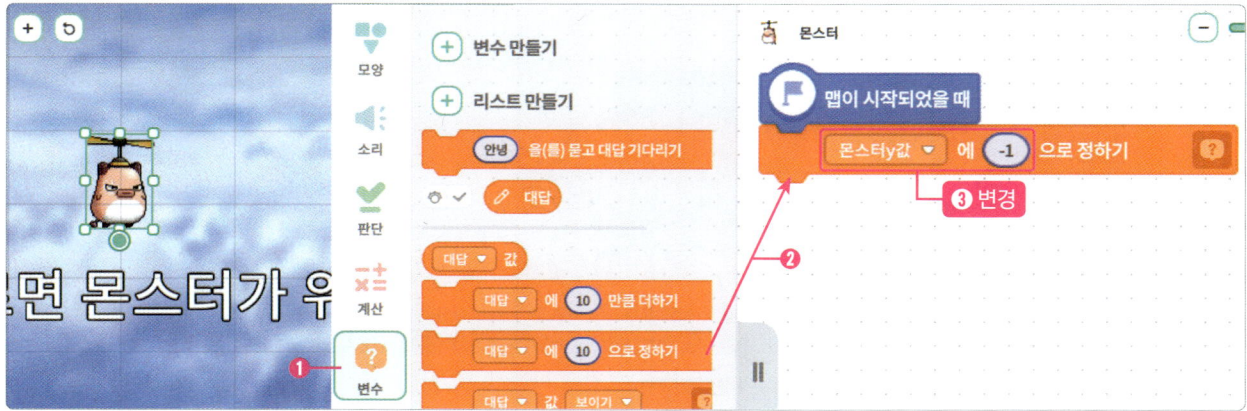

TIP '몬스터y값' 변수 값을 '-1'로 정한 이유는 해당 값을 이용하여 '몬스터'를 아래로 계속 떨어뜨리기 위해서예요.

10 날아라 몬스터! **73**

4 호름에서 10 초 기다린다 와 무한 반복하기 를 연결한 후 초를 4로 변경해요.

TIP 4초를 기다리는 이유는 게임 설명이 실행화면에 4초간 표시되기 때문이에요.

5 동작에서 y좌표를 10 만큼 바꾸기 를 연결한 후 변수에서 몬스터y값 을 10에 끼워넣어요.

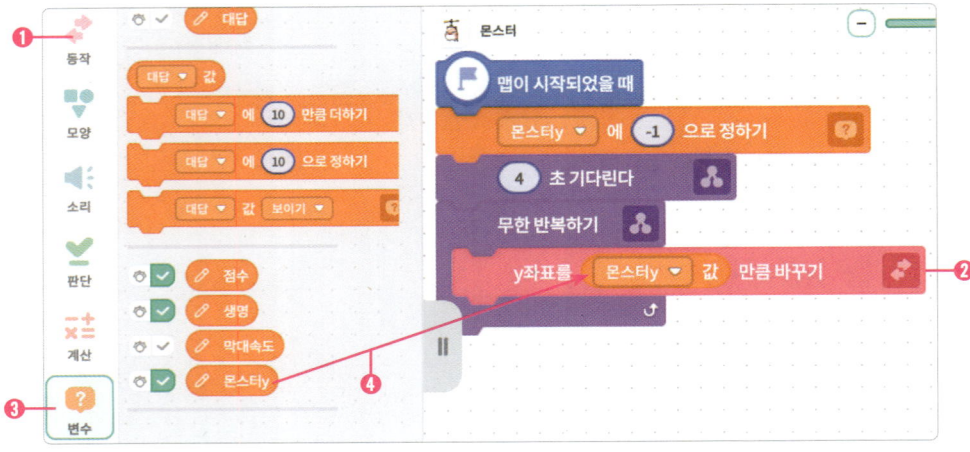

TIP y좌표값을 '몬스터y값' 변수 값(-1)으로 지정했기 때문에 '몬스터'는 아래로 계속 내려가요.

6 호름에서 만일 참 이라면 아니면 을 연결한 후 판단에서 Backspace 키를 누르고 있을 때 를 참에 끼워 넣고 Space로 변경해요.

TIP 조건이 '참'이면 만일 안쪽의 블록을 실행하고 '거짓'이면 아니면 안쪽의 블록을 실행해요.

7  에서 `대답 ▼ 에 10 만큼 더하기` 2개를 안쪽에 연결하여 변수명을 **몬스터y값**으로 변경한 후 위쪽 값은 **0.3**, 아래쪽 값은 **−0.3**으로 변경해요. 이어서, **시작하기**(▶)를 클릭하여 작성한 코드를 테스트해 보세요.

TIP 처음에는 '몬스터y값'이 −1로 설정되어 계속 아래로 내려가요. 하지만 `Space Bar`를 누르고 있으면 0.3씩 더해져 몬스터가 위로 올라가고, 누르지 않으면 −0.3씩 더해져 아래로 내려가요.

Step 02 장애물에 닿았을 때 모양을 변경하고 생명 감소시키기

1 '몬스터'가 선택된 상태에서 시작의 `맵이 시작되었을 때`을 드래그한 후 흐름에서 `무한 반복하기`와 `만일 참 이라면`을 연결해요.

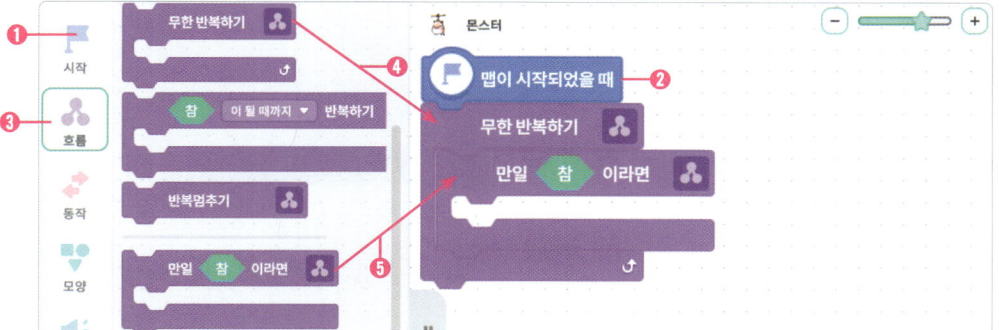

2 판단에서 `참 그리고 ▼ 참`을 **참**에 끼워 넣은 후 **또는**으로 변경해요.

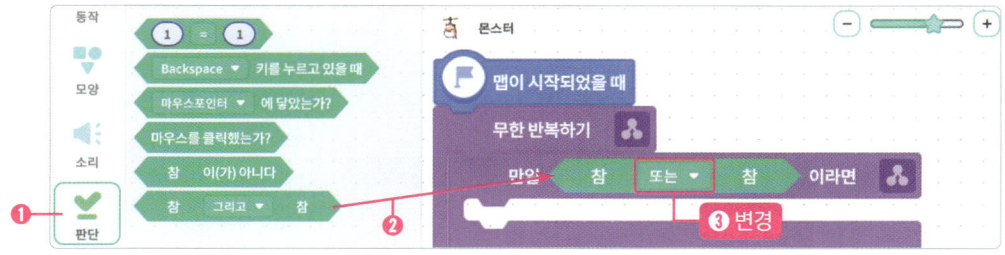

10 날아라 몬스터! 75

3 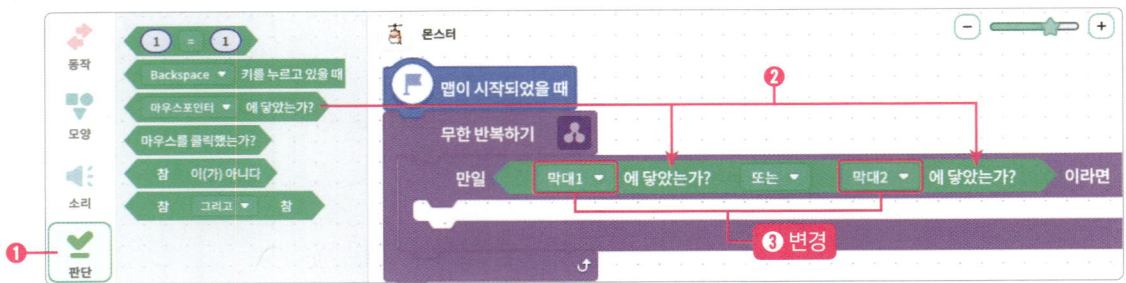 를 왼쪽과 오른쪽 **참**에 끼워 넣은 후 **막대1**과 **막대2**로 변경해요.

TIP '몬스터'가 '막대1' 또는 '막대2' 오브젝트에 닿았는지 계속 확인해요.

레벨Up `참 그리고▼ 참` 명령 블록

① '그리고' : 양쪽의 조건을 모두 만족해야만 해당 조건을 '참'으로 판단해요.
② '또는' : 양쪽의 조건 중에서 하나라도 만족하면 해당 조건을 '참'으로 판단해요.

4 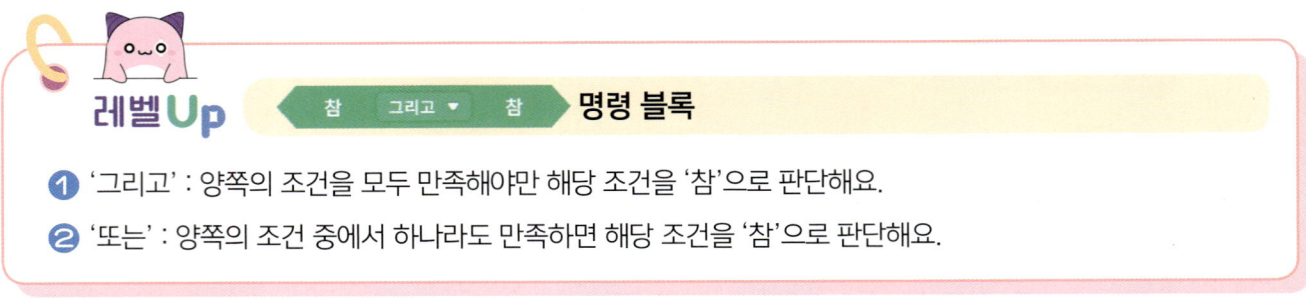 에서 `기본▼ 모양으로 변경한다`를 안쪽에 연결하여 **피격**으로 변경한 후 에서 `대답▼ 에 10 만큼 더하기`를 연결하고 **생명**과 **-1**로 변경해요.

5 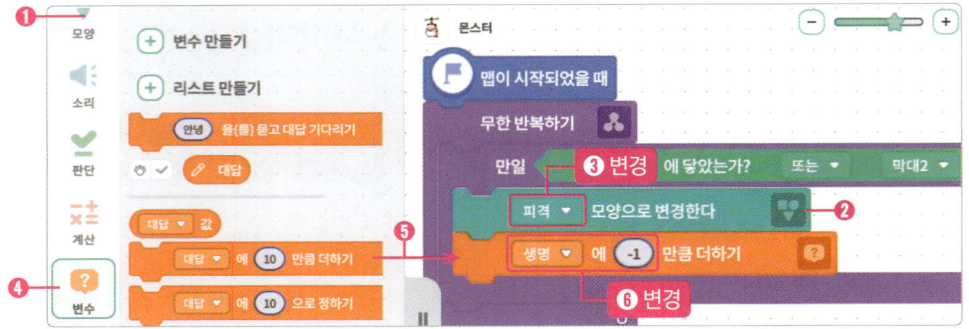 에서 `10 초 기다린다`를 연결하여 **1**로 변경한 후 에서 `기본▼ 모양으로 변경한다`를 연결하고 **fly**로 변경해요.

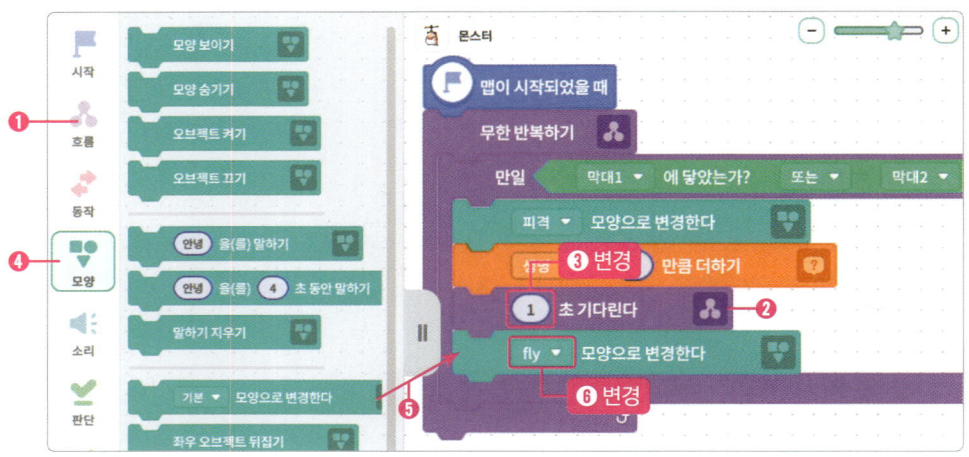

TIP '몬스터'가 '막대1' 또는 '막대2'에 닿았을 때 모양을 변경하고 '생명' 변수를 '1' 감소시켜요.

미션 해결하기

① '몬스터'가 실행화면 위쪽 밖(700)으로 벗어나지 못하도록 코드를 작성해 보세요.

 **Hint**
계산에서 「자신의 x좌푯값」 블록을 이용하여 자신의 y좌푯값이 700 이상이면 y좌표를 '-30'만큼 바꿔주세요.

② '몬스터'가 실행화면 아래쪽 밖(-400)으로 벗어나지 못하도록 코드를 추가해 보세요.

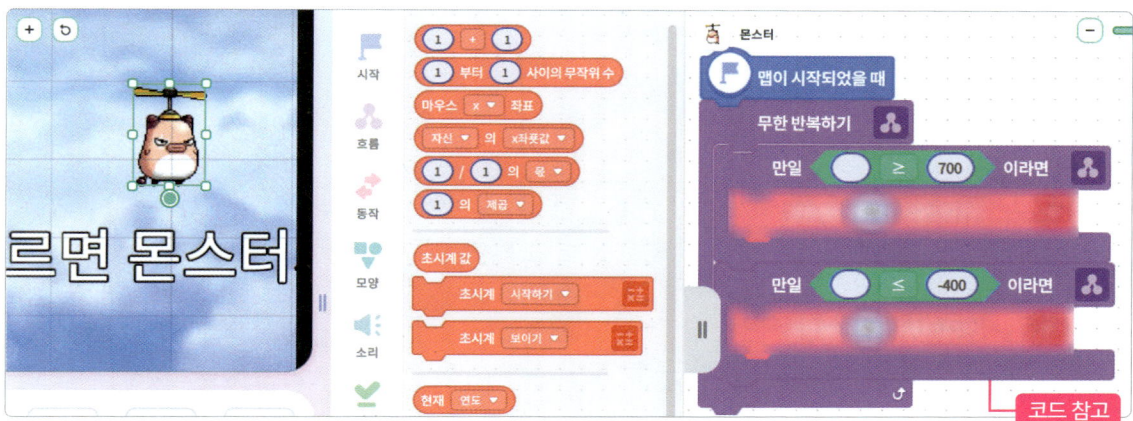

 **Hint**
계산에서 「자신의 x좌푯값」 블록을 이용하여 자신의 y좌푯값이 -400 이하이면 y좌표를 '30'만큼 바꿔주세요.

③ 시작하기(▶)를 클릭하여 '몬스터'가 '막대'에 닿지 않도록 [Space Bar]를 눌러 조종해 보세요.

 **Hint**
[Space Bar]를 짧은 간격(1~2초)으로 눌러 몬스터를 조종하며, '막대'는 점수가 올라갈수록 상대적으로 점점 빨라져요. '몬스터' 생명은 총 3개이며 '0'이 되면 플레이가 종료돼요.

숨어있는 보물을 찾아라!

- 질문을 하고 질문에 대한 답변을 저장할 수 있습니다.
- 실행화면 밖에 있는 오브젝트를 특정 위치로 가져올 수 있습니다.
- 지정된 x-y 좌표 범위 안에서만 오브젝트를 움직이게 할 수 있습니다.

📁 **소스파일** 11차시 소스파일.mod   📁 **정답파일** 11차시 정답파일.mod

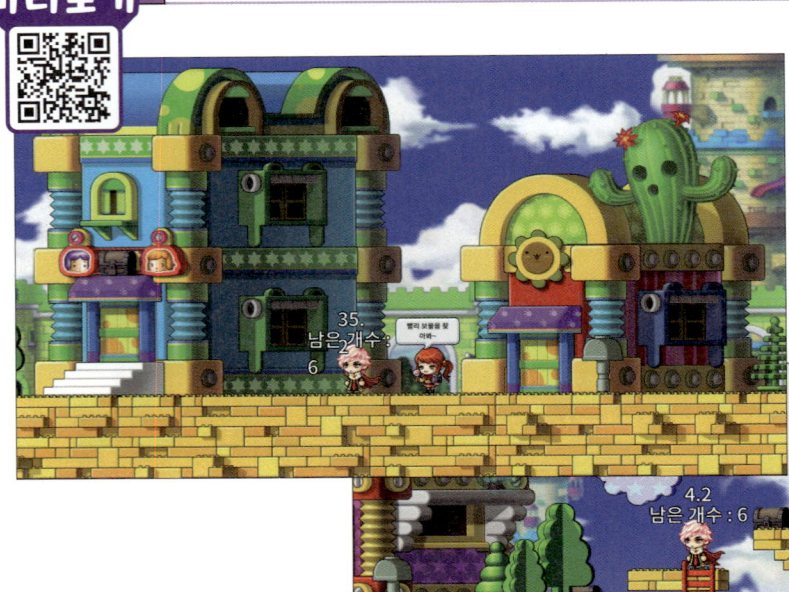

주요 오브젝트

오브젝트	설명
아바타	• '실패' 또는 '성공' 신호를 받으면 아바타 만들기를 종료해요. • 2층에서 '드론'에 닿으면 1층에 있는 나무 위치로 이동해요.
보물상자_1	• '아바타'에 닿으면 보물로 변한 후 다음 '보물상자'로 신호를 보내요. • 보물이 들어있지 않은 보물상자도 있어요.
안내자	• '아바타'에게 질문을 한 후 답변을 입력받아요. • 질문에 대한 정답과 답변이 같으면 '사다리'로 신호를 보내요.
빨간색 사…	실행화면에서는 보이지 않게 바깥쪽에 배치되어 있다가 '사다리' 신호를 받으면 지정된 위치(실행화면 안쪽)로 이동해요.
드론 2	• 지정된 x-y 좌표 범위 안에서만 움직여요. • '아바타'에 닿으면 '1층' 신호를 보내요.

Step 01 오브젝트를 이용하여 맵 꾸미기

1. **11차시 소스 파일**을 불러와 월드 이름(11차시)을 입력한 후 <확인>을 클릭해요.

2. 파일이 열리면 실행화면을 적당히 축소한 후 아래 그림처럼 화면을 오른쪽 끝으로 이동해요. 이어서, [오브젝트 추가하기(➕)]-[오브젝트 추가하기]를 클릭해요.

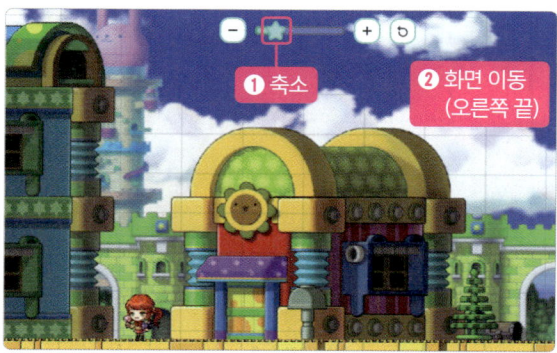

3. 오브젝트 목록이 나오면 [식물]에서 **꽃이 핀 선인장**을 선택한 후 아래 그림처럼 크기와 위치를 변경해요.

4. 이번에는 실행화면을 왼쪽 끝으로 이동한 후 [물건]에서 **로봇5**를 추가하여 아래 그림처럼 위치를 변경한 후 오브젝트 창을 닫아요.

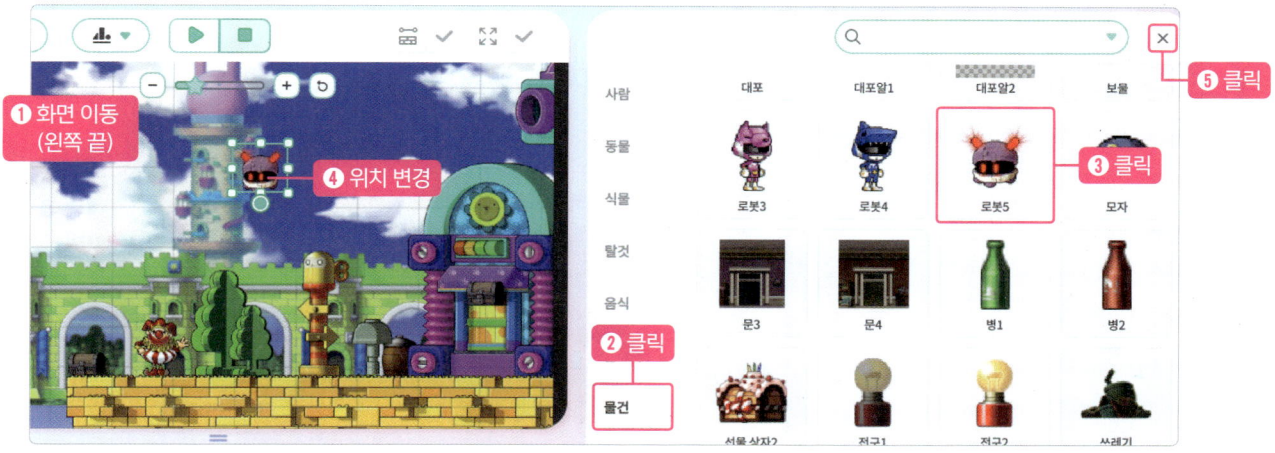

TIP 원하는 오브젝트(예 : 사람, 동물, 식물 등)를 더 추가하여 맵을 예쁘게 꾸며보세요.

 **'NPC'를 이용하여 플레이어(아바타)와 대화하기**

1 실행화면 또는 오브젝트 목록에서 **안내자**를 선택한 후 에서 맵이 시작되었을 때 을 드래그해요. 이어서, 에서  을 연결해요.

2 에서 마우스포인터에 닿았는가? 를 **참**에 끼워 넣은 후 **아바타**로 변경해요.

3 에서 화면에 안녕 메시지 보여주기 를 안쪽에 연결한 후 **내용(대화를 하려면 'E'를 눌러)**을 변경해요.

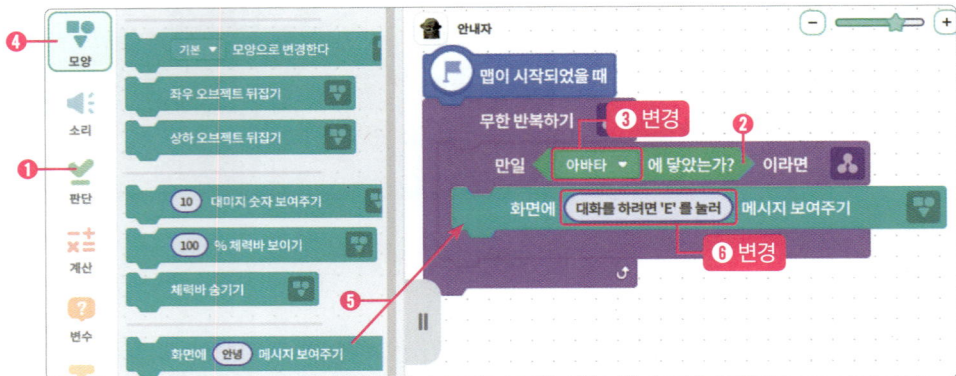

TIP '아바타'가 '안내자' NPC에 닿으면 상호작용을 할 수 있도록 메시지를 보여줘요.

4 맵이 시작되었을 때 위에서 마우스 오른쪽 버튼을 눌러 **[여기부터 복제]**를 클릭해요. 블록이 복제되면 아래 그림처럼 2개의 블록을 휴지통으로 드래그하여 삭제해요.

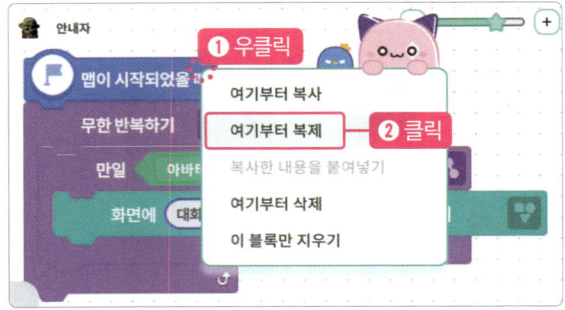 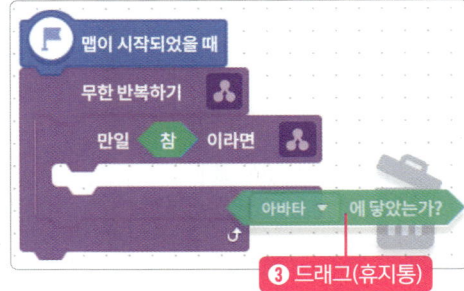

5 판단 에서 `Backspace 키를 누르고 있을 때` 를 참에 끼워 넣은 후 **E**로 변경해요.

6 모양 에서 `안녕 을(를) 4 초 동안 말하기` 를 안쪽에 연결한 후 **내용(2층으로 올라가고 싶으면 문제를 맞혀 봐!)**과 **초(2)**를 변경해요.

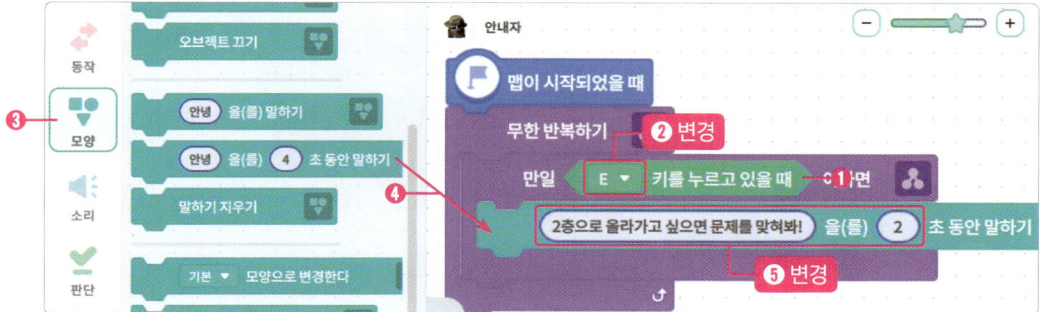

7 변수 에서 `안녕 을(를) 묻고 대답 기다리기` 를 연결한 후 **내용(펭귄이 다니는 고등학교는?)**을 변경해요.

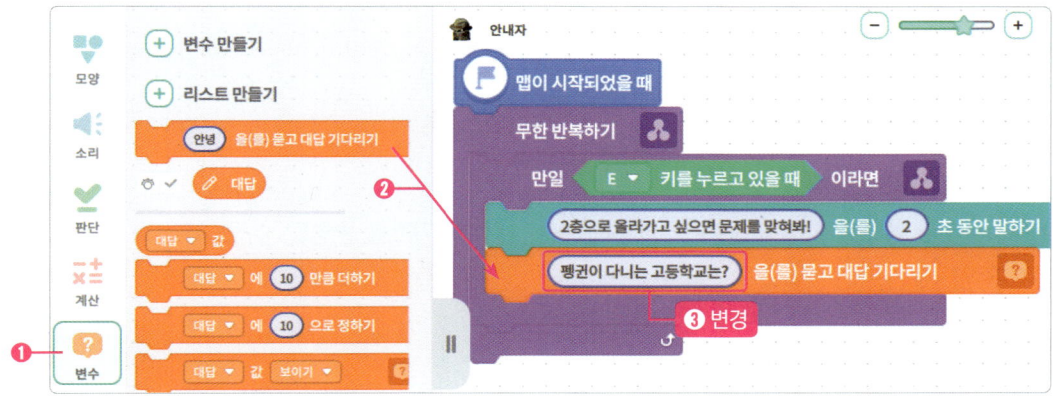

TIP E를 누르면 상대방(아바타)에게 2초 동안 말을 한 후 질문을 하고 답변을 기다려요.

레벨Up `안녕 을(를) 묻고 대답 기다리기` 명령 블록

해당 블록을 사용하면 질문에 대한 답변을 입력할 수 있는 창이 나타나고, 입력한 답변 내용은 `대답` 블록에 저장돼요.

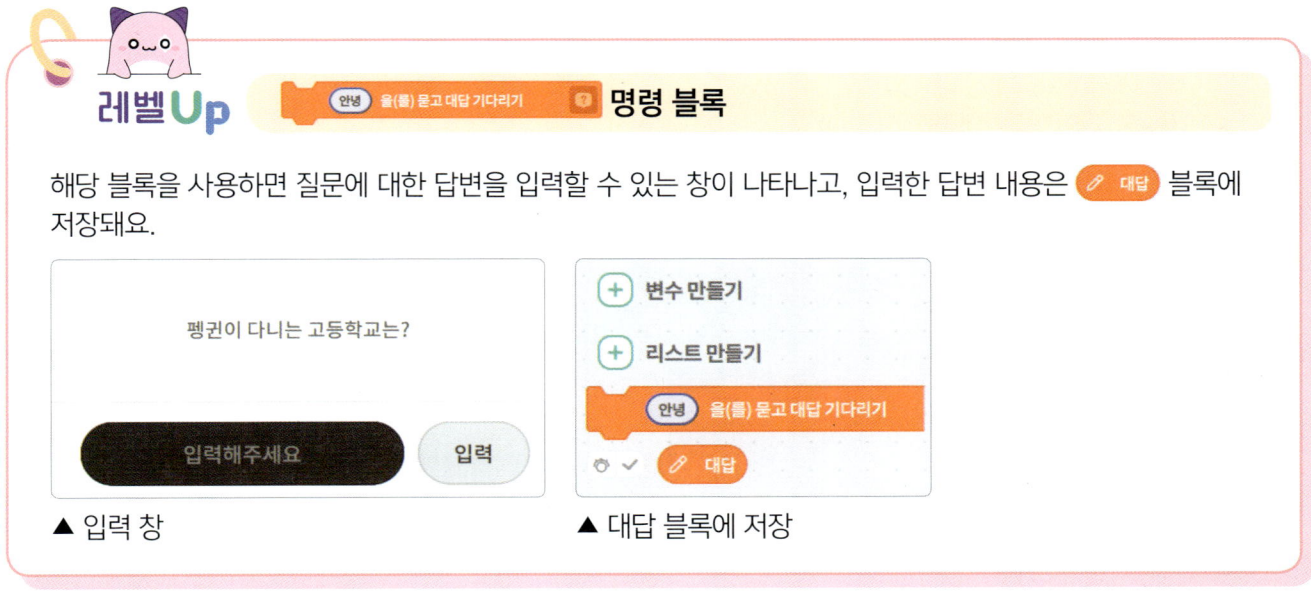

▲ 입력 창   ▲ 대답 블록에 저장

8 질문에 대한 답변 내용이 정답과 같은지 비교하기 위해 호름 에서  을 연결한 후 판단의
1 = 1 를 **참**에 끼워 넣어요.

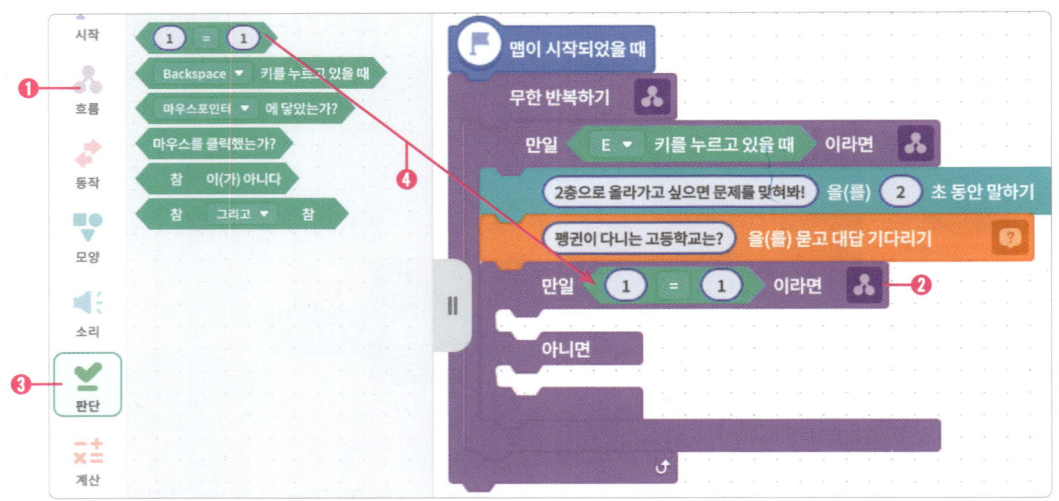

레벨Up 1 = 1 명령 블록

- 왼쪽과 오른쪽 값을 비교하는 명령 블록
- 값은 숫자를 입력하거나 변수 블록을 넣어 사용하고, 가운데 '='을 클릭해 기호를 변경할 수 있어요.
- = : 양쪽 값이 같은지 확인
- ≤ : 왼쪽 값이 오른쪽보다 작거나 같은지 확인
- ≥ : 왼쪽 값이 오른쪽보다 크거나 같은지 확인

9 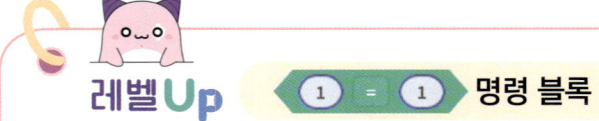 을 1에 끼워 넣은 후 반대쪽에는 **정답(냉장고)**을 입력해요.

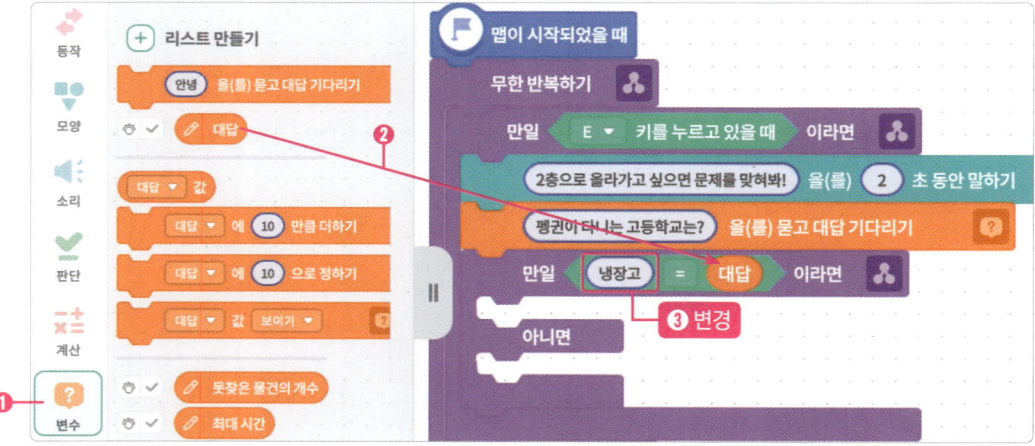

TIP 질문에 대한 답변 내용(대답)이 정답과 같은지(=) 비교하여 정답과 같으면 '만일' 안쪽에 연결된 블록을 실행하고, 같지 않으면 '아니면' 안쪽에 연결된 블록을 실행해요.

10 답변이 정답과 같으면 **빨간색 사다리** 오브젝트로 신호를 보내기 위해 시작 에서 신호 신호보내기 를 **만일** 안쪽에 연결한 후 **사다리**로 변경해요.

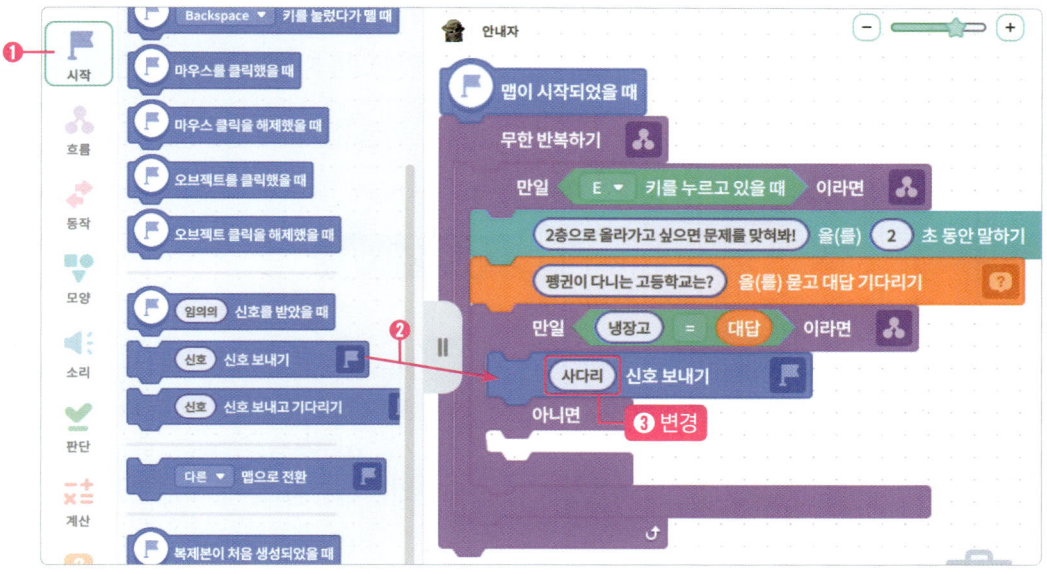

TIP 명령 블록을 연결할 때 '만일 ~이라면(참)'과 '아니면(거짓)'을 잘 구분해서 연결해야 해요.

11 모양 에서 모양 숨기기 를 **만일** 안쪽에 연결하고 안녕 을(를) 4 초 동안 말하기 를 **아니면** 안쪽에 연결한 후 **내용(땡! 다시 생각해봐.)과 초(2)**를 변경해요. 이어서, **시작하기(▶)**를 클릭하여 작성한 코드를 테스트해 보세요.

TIP 대답 내용이 정답과 같으면 '사다리' 오브젝트로 신호를 보낸 후 '안내자'를 숨겨요. 만약, 대답 내용이 정답과 일치하지 않으면 2초 동안 말을 해요.

11 숨어있는 보물을 찾아라! **83**

미션 해결하기

① 실행화면 밖에 있는 '빨간색 사다리' 오브젝트가 '사다리' 신호를 받았을 때 지정된 x(1780), y(−130) 좌표로 이동하도록 코드를 작성해 보세요.

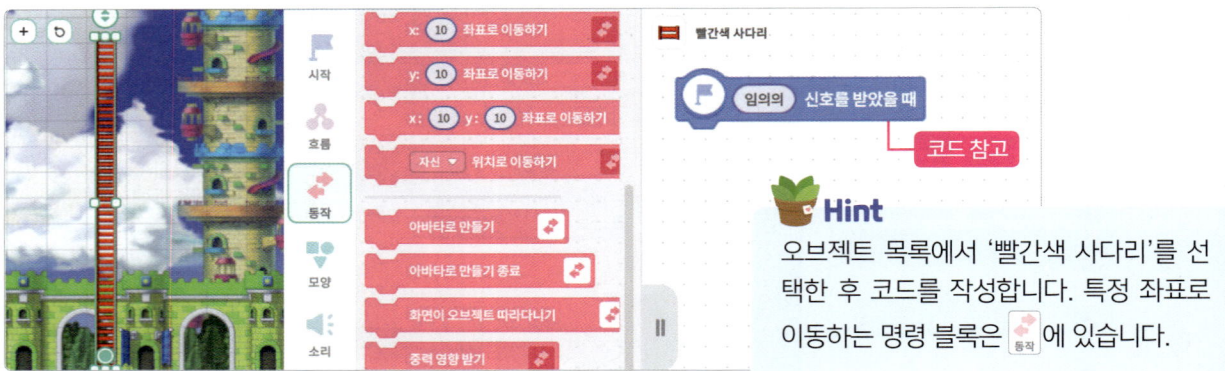

Hint
오브젝트 목록에서 '빨간색 사다리'를 선택한 후 코드를 작성합니다. 특정 좌표로 이동하는 명령 블록은 동작에 있습니다.

② 플레이가 시작되면 '드론'이 0.7초 동안 x좌표는 1200부터 2000사이, y좌표는 1700부터 1350 사이로만 움직이도록 코드를 추가해 보세요.

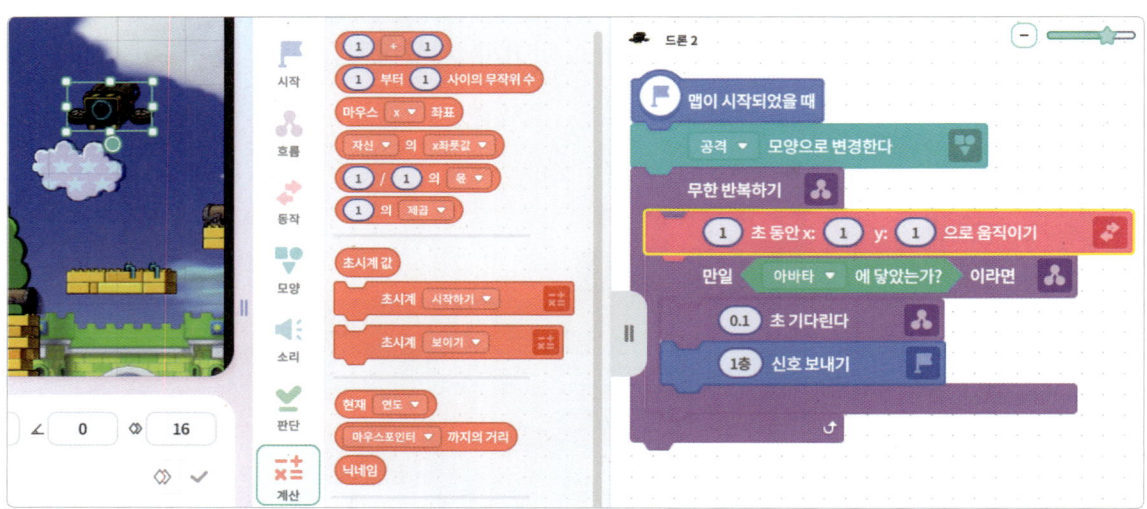

 **Hint**
오브젝트 목록에서 '드론2'를 선택한 후 코드를 추가해요. 계산에서 `1 부터 1 사이의 무작위 수` 블록을 이용하여 x와 y좌표 값의 범위를 지정해요.

③ 시작하기(▶)를 클릭하여 제한 시간 안에 숨겨진 6개의 보물을 찾아보세요.

 **Hint**
1층과 2층에 숨겨진 '보물상자'를 찾고, '안내자'와 '안전 로봇'의 질문에는 정답을 입력해요. 사다리를 타고 2층으로 올라갔을 때는 '드론'에 닿지 않도록 주의하세요.

Challenge 12
손가락 리듬 댄스

- 배경음악으로 사용할 소리를 선택한 후 음악 크기를 지정할 수 있습니다.
- 2가지 조건을 동시에 만족했을 때 신호를 처리할 수 있습니다.
- 2가지 조건을 동시에 만족했을 때 복제된 오브젝트를 삭제할 수 있습니다.

📁 **소스파일** 12차시 소스파일.mod   📁 **정답파일** 12차시 정답파일.mod

주요 오브젝트

오브젝트	설명
배경	• 맵이 시작되면 배경음악과 초시계가 세팅돼요. • 초시계 값이 지정된 값을 넘으면 '속도' 변수 값을 변경해요.
왼쪽	• 2가지 조건을 만족했을 때 '점수' 변수 값을 증가시키고 '성공' 신호를 보내요. • 2가지 조건을 만족했을 때 복제본을 삭제해요.
효과1	• 맵이 시작되면 실행화면에서 보이지 않게 숨겨요. • '성공' 신호를 받으면 실행화면에 잠깐 나타났다 사라져요.
글자	'게임종료' 신호를 받으면 플레이어의 점수를 실행화면에 보여줘요.

Step 01 '배경음악' 삽입 후 '초시계' 세팅하기

1. **12차시 소스 파일**을 불러와 월드 이름(12차시)을 입력한 후 <확인>을 클릭해요.

2. 파일이 열리면 [소리] 탭에서 **소리 고르기**()를 클릭해요. 배경음악 목록에서 **sound-218**을 선택한 후 [블록] 탭을 클릭해요.

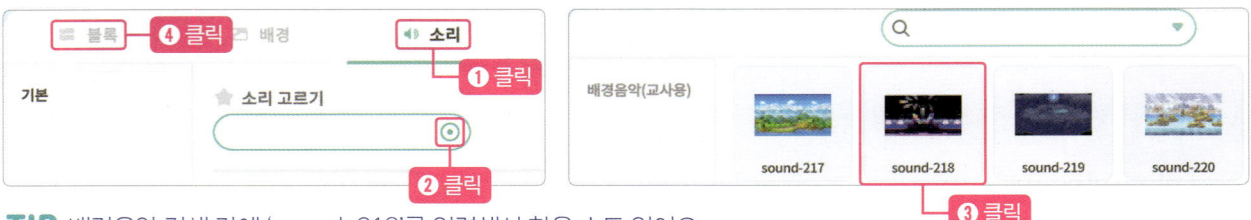

TIP 배경음악 검색 칸에 'sound-218'를 입력해서 찾을 수도 있어요.

3. 실행화면 또는 오브젝트 목록에서 **배경**을 선택한 후 에서 을 드래그해요. 이어서, 에서 를 연결한 후 **100**으로 변경해요.

4. 에서 와 를 연결한 후 **시작하기**(▶)를 클릭하여 배경음악이 나오는지 확인해 보세요.

TIP 12차시는 신나는 배경음악에 맞추어 플레이를 즐기는 차시로 스피커가 필요해요!

복제본을 제어하는 코드 작성하기

1 오브젝트 목록에서 **왼쪽**을 선택한 후 `시작`에서 `복제본이 처음 생성되었을 때`을 드래그해요. 이어서, `흐름`에서 `무한 반복하기`와 `만일 참 이라면`을 연결해요.

레벨 Up — `복제본이 처음 생성되었을 때` 명령 블록

해당 블록을 사용하기 위해서는 반드시 `자신 복제하기` 블록으로 특정 오브젝트를 복제한 후 사용해야 해요. 소스 파일에는 임의의 시간 간격으로 자신을 복제하는 코드가 미리 작성되어 있어요. 오브젝트를 복제하는 기능은 다음 13차시에서 자세히 배울 예정이니 지금은 가볍게 살펴봐도 좋아요!

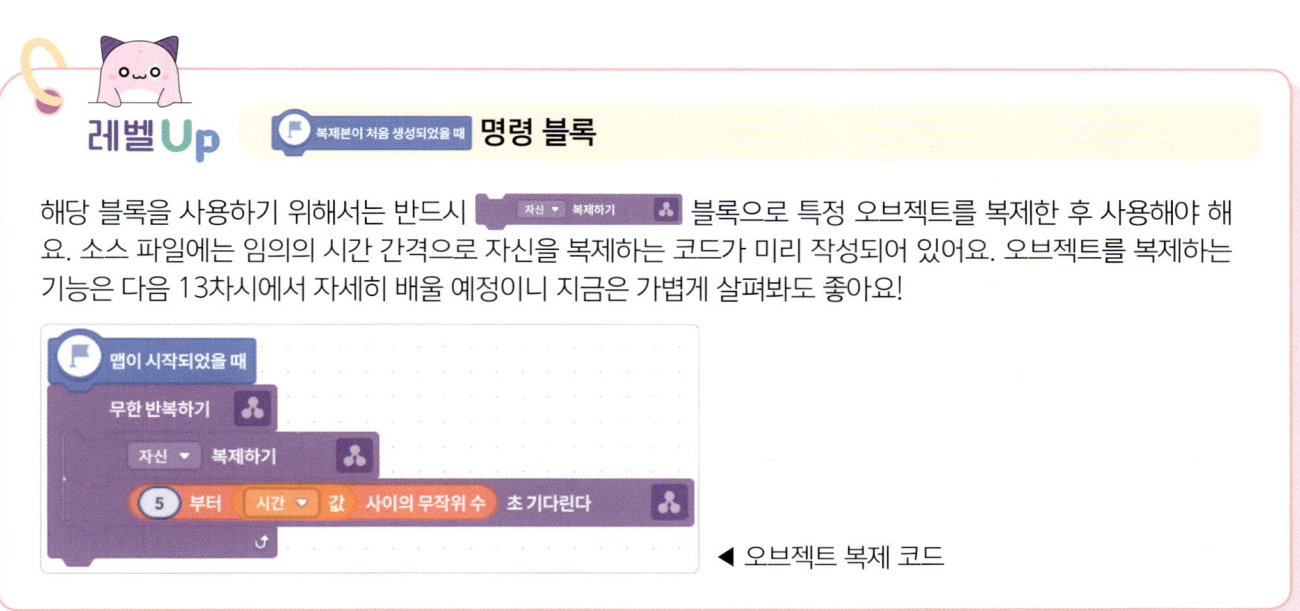

◀ 오브젝트 복제 코드

2 `판단`에서 `참 그리고 참`을 **참**에 끼워 넣은 후 `Backspace 키를 누르고 있을 때`와 `마우스포인터 에 닿았는가?`를 양쪽에 **참**에 끼워 넣고 **←**와 **포털1**로 변경해요.

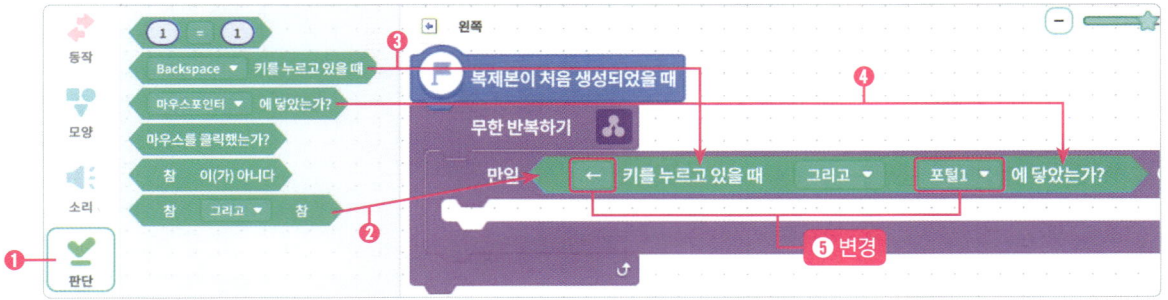

TIP 복제된 '왼쪽' 오브젝트가 왼쪽 방향키(←)가 눌러져 있고 '포털1' 오브젝트에 닿았는지 확인하는 코드예요.

3

TIP '왼쪽' 오브젝트가 아래로 내려오다가 '포털1'에 닿을 때 ←를 누르면 점수를 '10' 증가시키고 '성공1' 신호를 보내요.

4

TIP  블록은 안쪽의 숫자 값(10)를 실행화면에 보여줘요.

5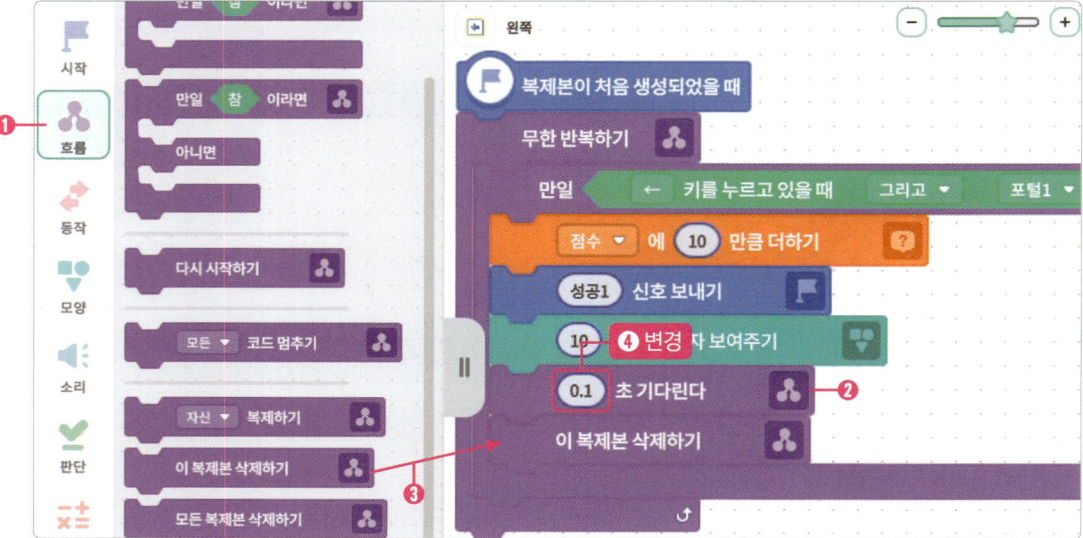

TIP 조건에 맞추어 연결된 모든 코드를 실행한 후 마지막에 해당 복제본을 삭제해요.

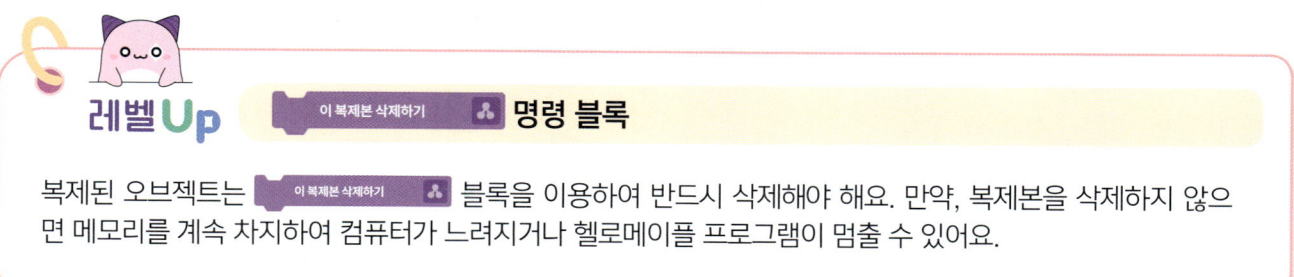

레벨 Up — `이 복제본 삭제하기` 명령 블록

복제된 오브젝트는 `이 복제본 삭제하기` 블록을 이용하여 반드시 삭제해야 해요. 만약, 복제본을 삭제하지 않으면 메모리를 계속 차지하여 컴퓨터가 느려지거나 헬로메이플 프로그램이 멈출 수 있어요.

6 `복제본이 처음 생성되었을 때` 위에서 마우스 오른쪽 버튼을 눌러 **[여기부터 복사]**를 클릭해요.

7 실행화면 또는 오브젝트 목록에서 **위쪽**을 선택한 후 마우스 오른쪽 버튼을 눌러 **[복사한 내용을 붙여넣기]**를 클릭해요.

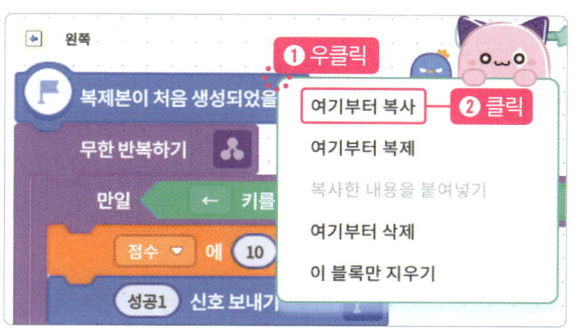
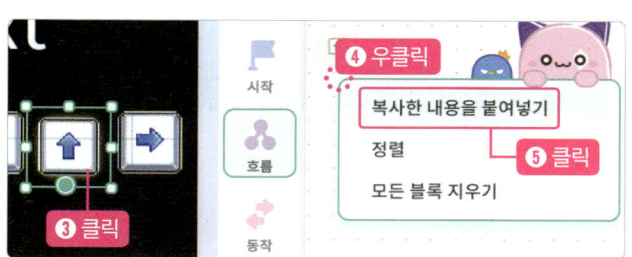

8 복사된 코드에서 **방향키(↑), 포털(포털3), 신호(성공3)**를 각각 변경해요.

9 같은 방법으로 **오른쪽**과 **아래쪽** 오브젝트에도 코드를 붙여넣은 후 **방향키, 포털, 신호**를 각각 변경해요.

- 오른쪽 오브젝트 : 방향키(→), 포털(포털4), 신호(성공4)
- 아래쪽 오브젝트 : 방향키(↓), 포털(포털2), 신호(성공2)

미션 해결하기

① '효과1' 오브젝트가 '성공1' 신호를 받으면 모양을 보였다가 숨기는 코드를 작성해 보세요.

 **Hint**
'성공1' 신호를 받았을 때 실행화면에 모양을 보인 후 0.3초 후에 모양을 숨기도록 코드를 작성해요.

② '효과2', '효과3', '효과4' 오브젝트에 '효과1' 코드를 복사하여 붙여 넣은 후 신호 이름을 수정해 보세요.

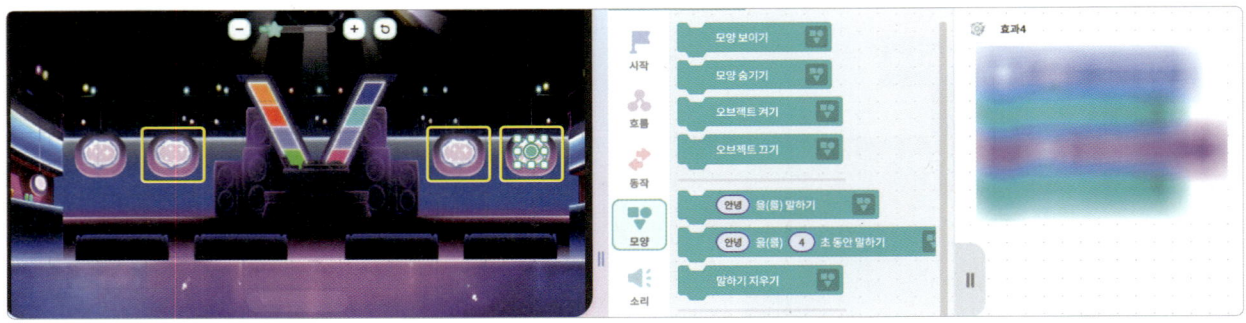

 **Hint**
• 효과2 신호 이름 : 성공2   • 효과3 신호 이름 : 성공3   • 효과4 신호 이름 : 성공4

③ 시작하기(▶)를 클릭하여 위에서 내려오는 화살표가 포털에 닿았을 때 같은 방향키를 눌러보세요.

 **Hint**
신나는 음악에 맞춰 위에서 내려오는 화살표가 포털에 닿을 때, 같은 방향키(←, →, ↑, ↓)를 눌러주세요.
화살표 속도는 점점 빨라지니 집중해서 리듬에 맞춰 눌러야 해요!

Challenge 13 마우스로 몬스터 잡기

- 무작위 시간 간격으로 자신의 오브젝트를 계속 복제할 수 있습니다.
- 복제본이 처음 생성되었을 때 무작위 x-y 좌표 위치로 이동시킬 수 있습니다.
- 오브젝트를 클릭했을 때 신호를 보내고 복제된 오브젝트를 삭제할 수 있습니다.

 소스파일 13차시 소스파일.mod   정답파일 13차시 정답파일.mod

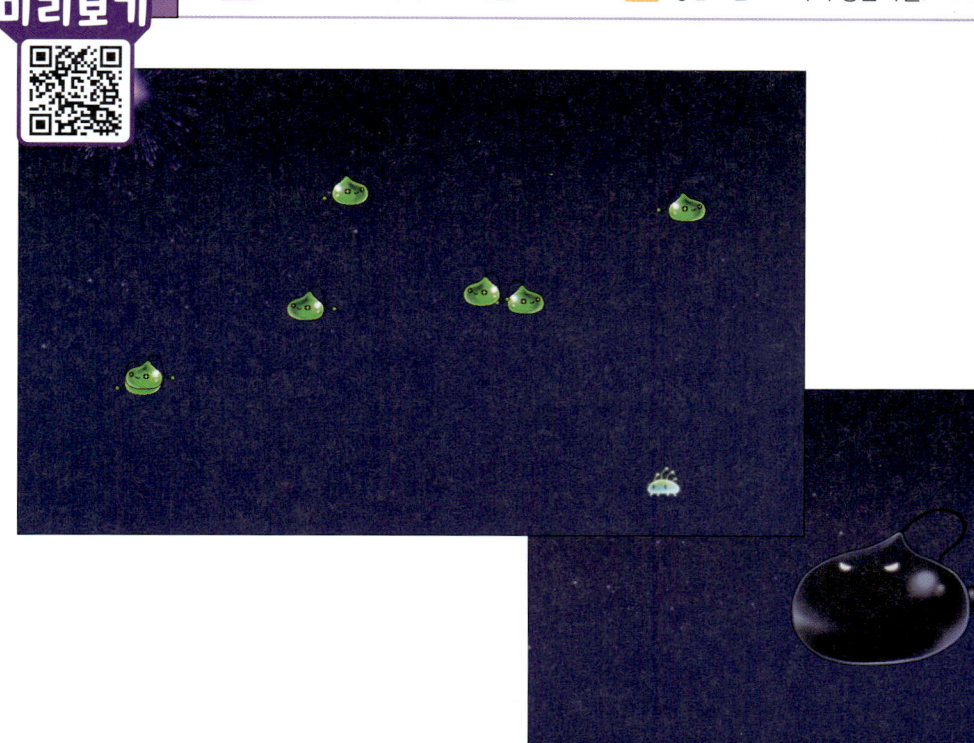

주요 오브젝트

오브젝트	설명
돌의정령	• 자신의 복제본을 만들어 임의의 x-y 좌표로 이동해요. • 해당 오브젝트를 클릭하면 '신호, 모양 변경, 사운드 재생' 등을 실행한 후 복제본이 삭제돼요.
슬라임(좌)	• 안 보이는 실행화면 위치에서 자신을 복제한 후 오른쪽으로 계속 이동시켜요. • 해당 오브젝트를 클릭하면 '점수'가 올라가고 복제본이 삭제돼요.
배경	• 점수가 '30'점 이상이면 '대왕 슬라임'이 있는 맵으로 전환해요. • 초시계 값이 '40' 이상이면 '실패' 신호를 보내요.
대장 슬라임	• 무작위 x-y 좌표 계속 이동하다가 체력이 '0'이 되면 '성공' 신호를 보내요. • 해당 오브젝트를 클릭하면 '체력'은 감소되지만 상대적으로 '속도'가 증가돼요.

 **자신과 똑같은 복제본 만들기**

1. **13차시 소스 파일**을 불러와 월드 이름(13차시)을 입력한 후 <확인>을 클릭해요.
2. 실행화면 또는 오브젝트 목록에서 **돌의정령**을 선택한 후 시작에서 맵이 시작되었을 때 을 드래그해요.

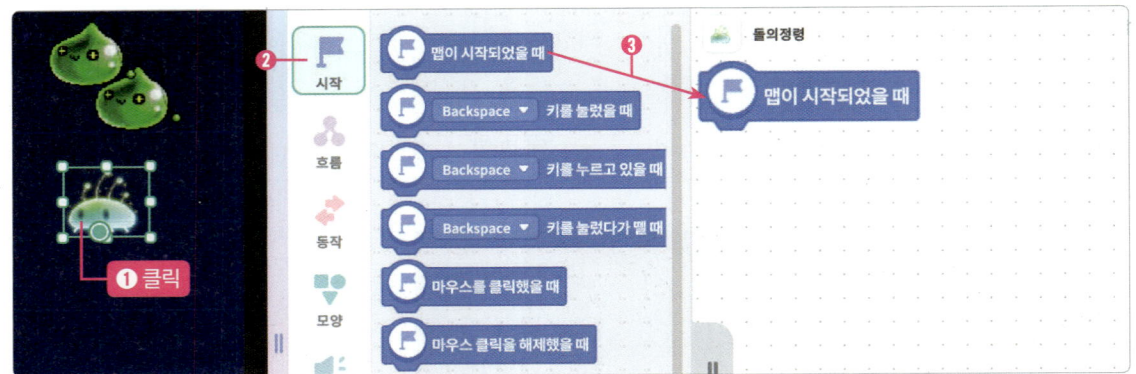

3. 흐름에서 무한 반복하기 를 연결한 후 10 초 기다린다 와 자신▼ 복제하기 을 안쪽에 연결해요.

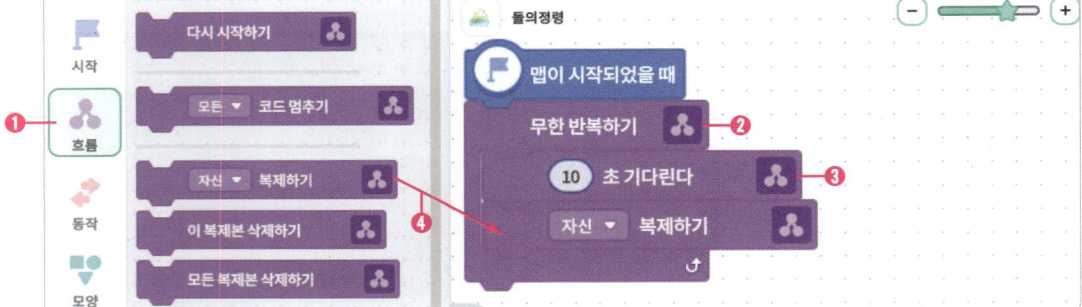

4. 계산에서 1 부터 1 사이의 무작위 수 를 10에 끼워 넣은 후 10과 20으로 변경해요.

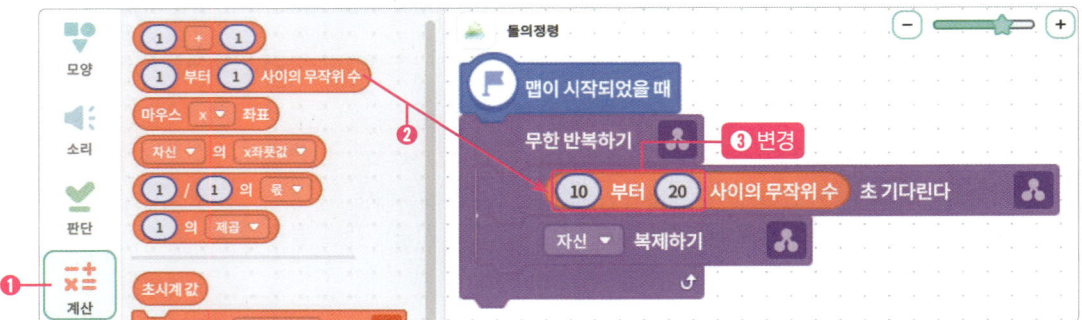

TIP 맵이 시작되면 '돌의정령'은 10~20초 사이의 무작위 시간마다 계속해서 복제본을 만들어내요. '무작위 수' 블록은 설정한 두 숫자 사이에서 랜덤한 값을 뽑아주는 역할을 해요.

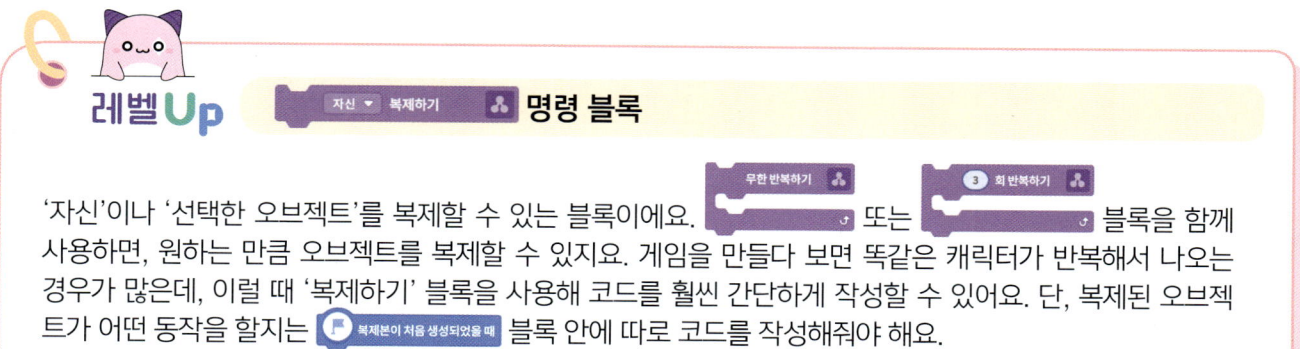

'자신'이나 '선택한 오브젝트'를 복제할 수 있는 블록이에요.  또는 블록을 함께 사용하면, 원하는 만큼 오브젝트를 복제할 수 있지요. 게임을 만들다 보면 똑같은 캐릭터가 반복해서 나오는 경우가 많은데, 이럴 때 '복제하기' 블록을 사용해 코드를 훨씬 간단하게 작성할 수 있어요. 단, 복제된 오브젝트가 어떤 동작을 할지는 블록 안에 따로 코드를 작성해줘야 해요.

Step 02 생성된 복제본의 위치를 변경하기

1 시작 에서 복제본이 처음 생성되었을 때 을 드래그한 후 동작 에서 x: 10 y: 10 좌표로 이동하기 를 연결해요.

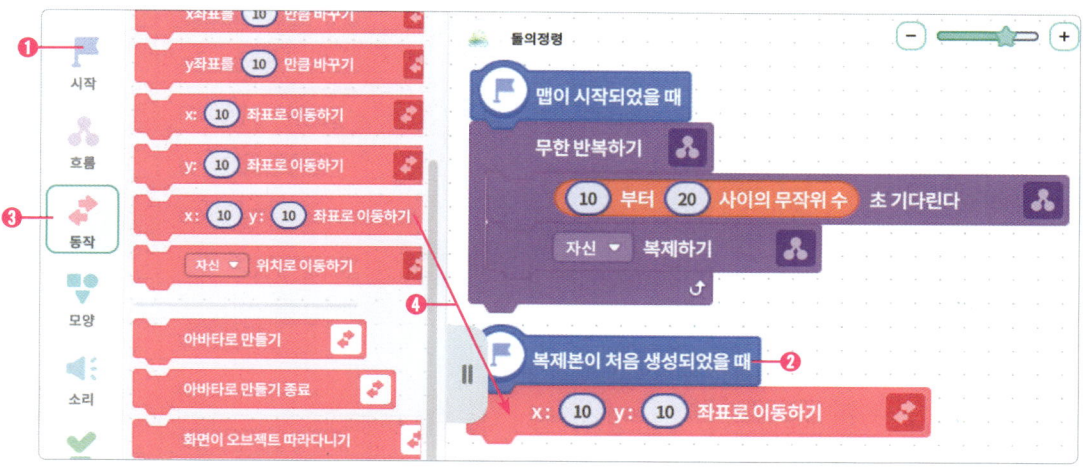

2 계산 에서 1 부터 1 사이의 무작위 수 를 양쪽 10에 끼워 넣은 후 x(-1000, 1200)와 y(750, -450) 좌표 값을 변경해요.

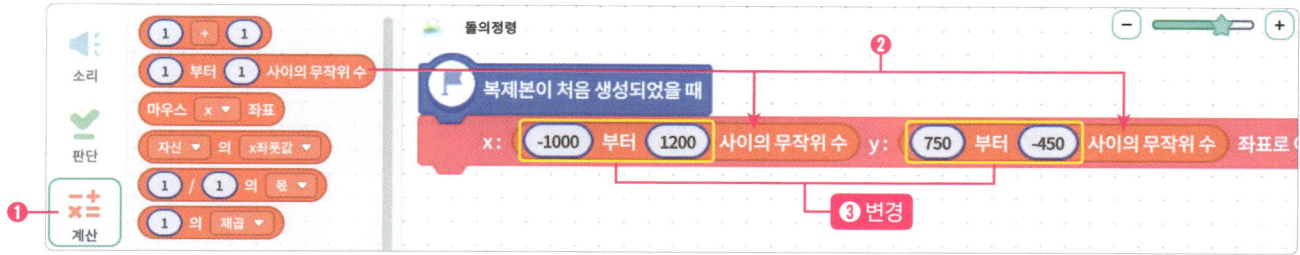

TIP 복제본이 만들어지면 x 좌표는 '-1000(왼쪽 경계)'부터 '1200(오른쪽 경계)' 중 무작위 값을 추출하고, y 좌표는 '750(위쪽 경계)'부터 '-450(아래쪽 경계)' 중 무작위 값을 추출해요. 즉, 오브젝트가 복제되면 실행화면 범위 안에서 무작위 x-y 위치로 이동해요.

Step 03 오브젝트를 클릭했을 때 신호를 보내고 해당 복제본 삭제하기

1 **돌의정령**이 선택된 상태에서 의 `오브젝트를 클릭했을 때`를 드래그하고 `신호 신호보내기`를 연결한 후 **정지**로 변경해요.

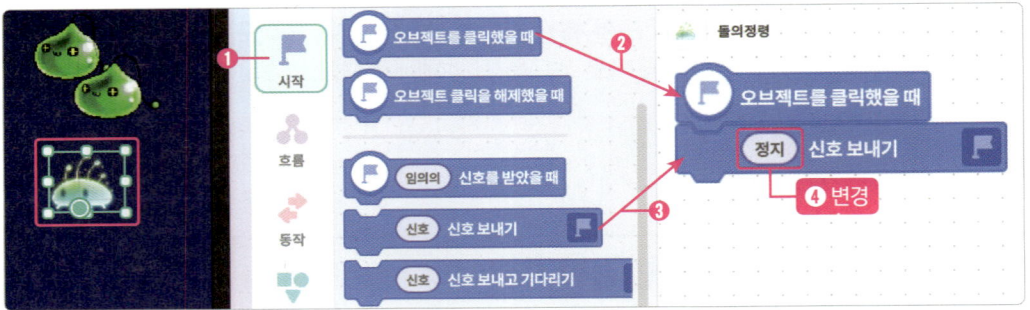

2 `모양`에서 `기본 ▼ 모양으로 변경한다`를 연결한 후 `소리`에서 `피격 ▼ 사운드 재생`을 연결해요. 이어서, 모양과 사운드를 모두 **죽음**으로 변경해요.

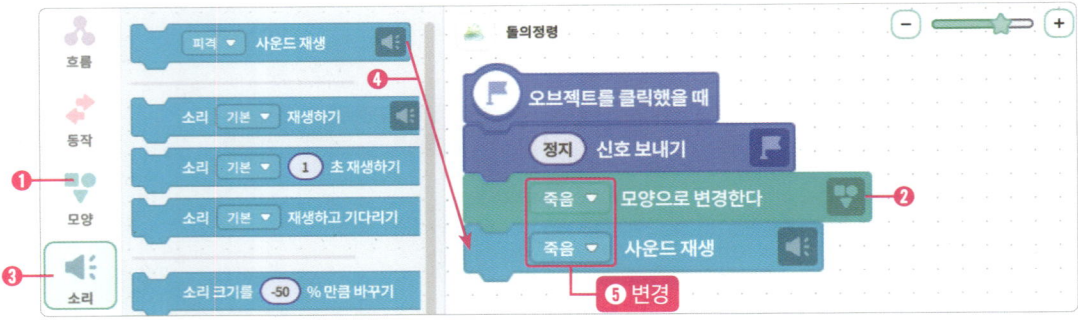

TIP 복제된 '돌의정령'을 클릭하면 '정지' 신호를 보내고 모양 변경과 함께 사운드를 재생해요.

3 `흐름`에서 `10 초 기다린다`와 `이 복제본 삭제하기`를 연결한 후 초를 **0.5**로 변경해요. Ctrl+S를 눌러 월드를 저장한 후 **시작하기(▶)**를 클릭하여 작성한 코드를 테스트해 보세요.

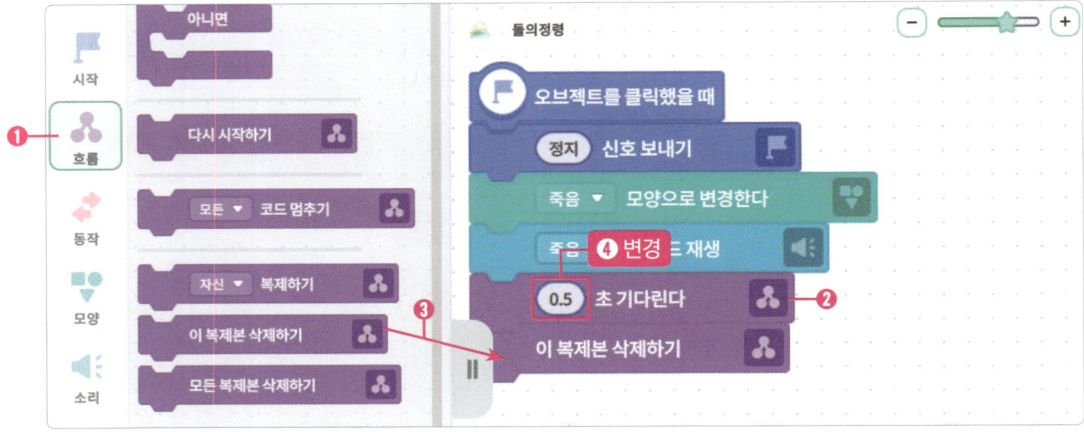

TIP 복제된 '돌의정령'을 클릭하면 연결된 모든 코드를 실행한 후 마지막에 해당 복제본을 삭제해요.

Step 04 '대장 슬라임'을 클릭했을 체력 및 속도 변경하기

1 [map02]를 선택한 후 **대장 슬라임**을 클릭해요. 시작에서 `오브젝트를 클릭했을 때`를 드래그한 후 모양에서 `10 대미지 숫자 보여주기`를 연결해요.

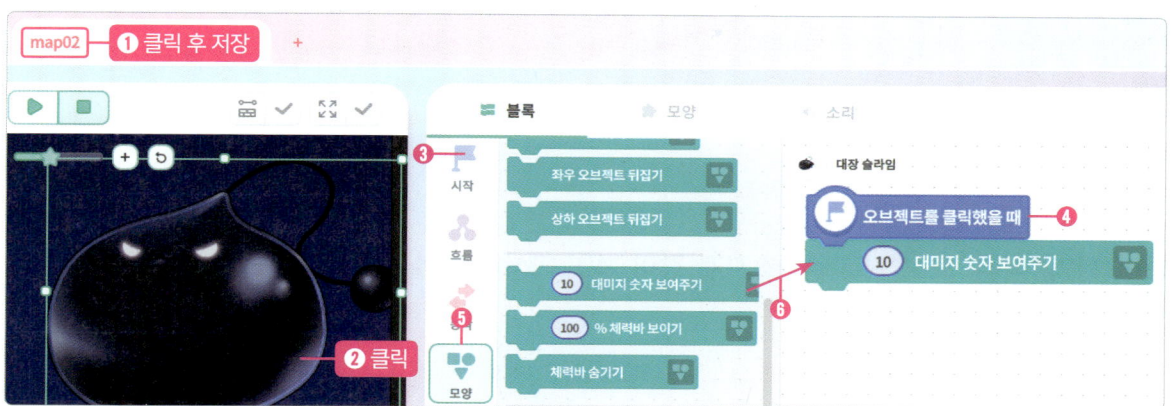

TIP 새로운 맵으로 전환할 때 이전 맵에서 작업한 코드가 있다면 반드시 저장한 후 맵을 전환하세요.

2 변수에서 `체력`을 10에 끼워 넣은 후 `대답에 10 만큼 더하기` 2개를 연결해요. 이어서, 위쪽 변수는 **체력, -1**로, 아래쪽 변수는 **속도, -0.05**로 변경해요.

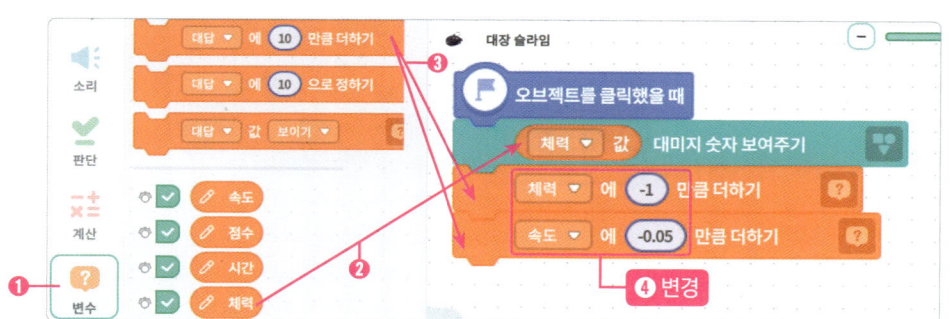

TIP '대장 슬라임'을 클릭하면 체력이 '1' 감소하면서 남은 체력을 숫자로 보여주고, 상대적으로 움직이는 속도는 점점 빨라져요.

레벨Up 대장 슬라임 코드

맵이 시작되면 '체력(20)'과 '속도(1)'를 정한 후 '속도' 변수 값에 맞추어 무작위 위치로 계속 이동해요. 마우스로 클릭하여 체력이 '0'이 되면 죽음 모양으로 변경한 후 '성공' 신호를 보내요.

① [map01]의 '배경' 오브젝트에서 점수가 '30'점 이상이면 [map02]로 전환되도록 코드를 추가해 보세요.

> 🌱 **Hint**
> '점수' 값 변수 블록은 에 있어요.

② [map01]의 '배경' 오브젝트에서 초시계 값이 '40' 이상이면 '실패' 신호를 보내도록 코드를 추가해 보세요.

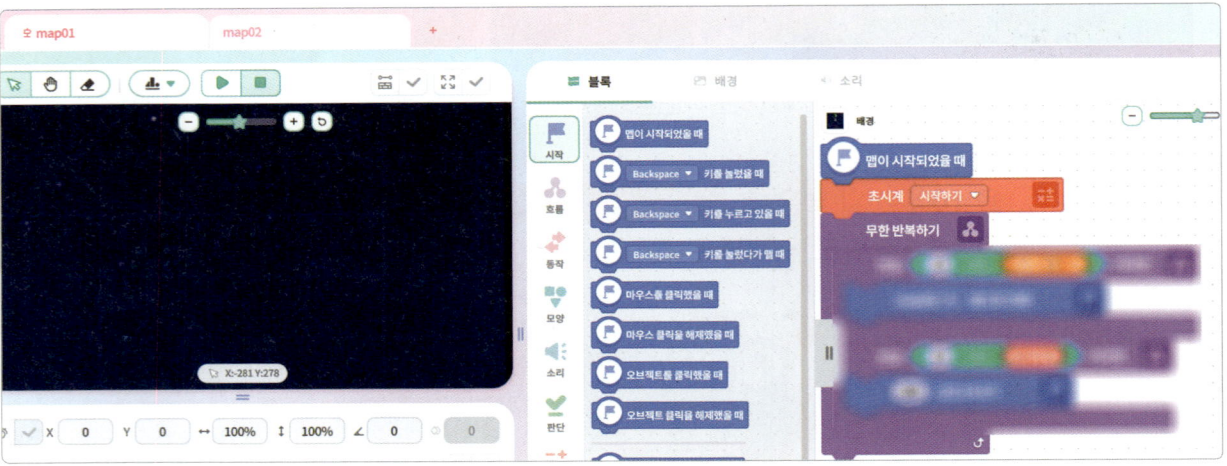

> 🌱 **Hint**
> '초시계 값' 블록은 [계산]에 있어요.

③ 시작하기(▶)를 클릭하여 실행화면 좌-우에서 나오는 슬라임을 클릭해 보세요.

> 🌱 **Hint**
> '돌의정령'을 클릭하면 실행화면에 보이는 슬라임이 5초 동안 거의 멈춘 듯 천천히 이동하며, 점수가 '30점' 이상이 되었을 때는 맵이 전환되어 '대장 슬라임'을 클릭해야 해요.

방 탈출 게임 만들기

- 변수를 이용하여 오브젝트를 실행화면에서 숨길 수 있습니다.
- 변수를 이용하여 오브젝트가 마우스포인터를 따라다니도록 할 수 있습니다.
- 2가지 조건을 모두 만족했을 때 변수를 변경하고 모양을 바꿀 수 있습니다.

📁 **소스파일** 14차시 소스파일.mod 📁 **정답파일** 14차시 정답파일.mod

주요 오브젝트

오브젝트	설명
장식	• 오브젝트를 클릭하면 질문을 해요. • 질문에 대한 대답이 정답이면 '도구'를 얻을 수 있게 해줘요.
도구	• '장식' 오브젝트를 통해 도구를 얻으면 화면에 나타나요. • 오브젝트를 클릭하면 마우스포인트를 따라 움직여요.
항아리	• '도구'를 이용하여 열쇠를 얻을 수 있어요. • 오브젝트를 클릭하면 마우스포인트를 따라 움직여요.
창문	• '열쇠'를 이용하여 창문을 열 수 있어요. • 창문이 열리면 '포털'로 신호를 보내요.
포털	플레이어에게 질문을 하고 답변을 기다려요.

Step 01 · '항아리'를 깨뜨릴 수 있는 도구 찾기

1. **14차시 소스 파일**을 불러와 월드 이름(14차시)을 입력한 후 <확인>을 클릭해요.
2. [**방탈출1**] 맵을 선택한 후 실행화면 또는 오브젝트 목록에서 **장식**을 클릭하여 미리 작성된 코드를 확인해요.

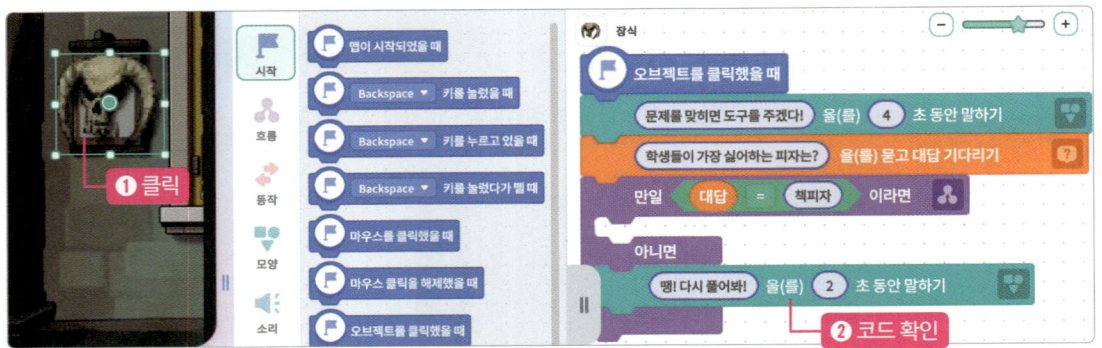

TIP '장식' 오브젝트를 클릭하면 플레이어에게 질문을 하고 그에 대한 답변이 정답과 같은지 비교해요.

레벨Up '장식', '도구', '항아리' 오브젝트

방을 탈출하기 위해서는 '열쇠'가 필요해요. 하지만 열쇠를 얻기 위해서는 '장식' 오브젝트를 시작으로 '항아리' 오브젝트까지 여러 가지 문제를 해결해야 해요. 그중에서 가장 먼저 해야 할 일은 '장식' 오브젝트의 질문에 대한 대답이 정답일 경우 '항아리'를 깰 수 있는 '도구'가 실행화면에 나타나도록 코드를 작성해야 해요.

3. 시작에서 **신호 신호 보내기** 와 변수에서 **대답에 10으로 정하기** 를 만일 안쪽에 연결한 후 **신호(도구)** 와 **변수(도구1, 1)** 를 각각 변경해요.

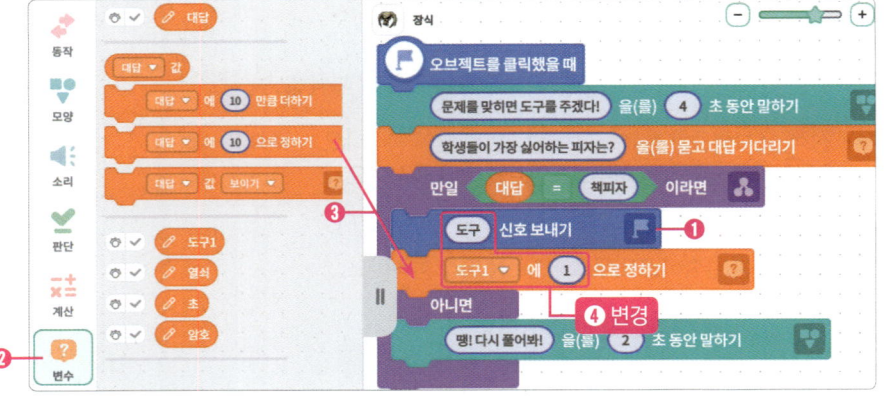

TIP 질문에 정답을 입력하면 도구를 얻을 수 있어요. 이때, '도구' 오브젝트에 신호를 보내 실행화면에 나타나게 하고, '도구1' 변수 값을 1로 설정해 도구를 찾았다는 걸 표시해요.

4 에서 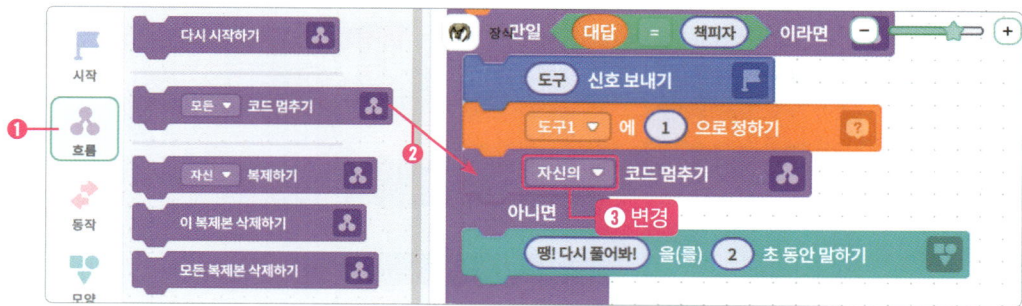를 연결한 후 **자신의**로 변경해요.

TIP 도구를 찾으면 더 이상 질문을 하지 못하도록 자신의 코드를 멈춰요.

Step 02 '도구' 오브젝트 숨기기 및 보이기

1 실행화면 또는 오브젝트 목록에서 **도구**를 클릭하고 에서 맵이 시작되었을 때를 드래그해요. 이어서, 호름에서

무한 반복하기를 연결한 후 만일 참 이라면을 안쪽에 연결해요.

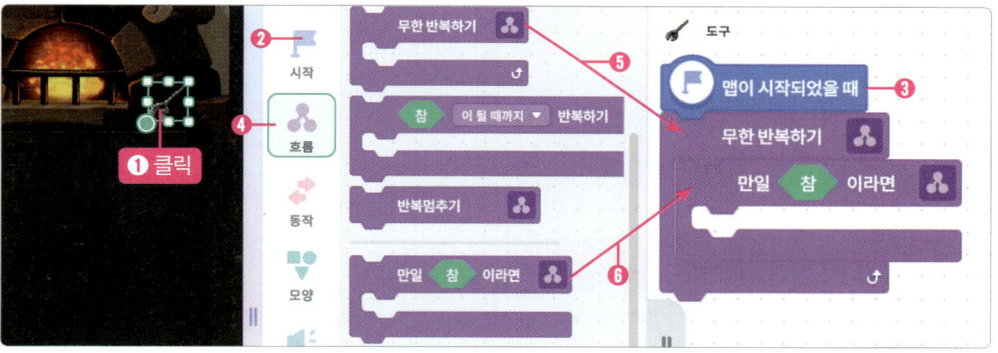

2 판단에서 1 = 1 를 참에 끼워 넣고 변수에서 도구1을 왼쪽 1에 끼워 넣은 후 오른쪽 값을 0으로 변경해요.

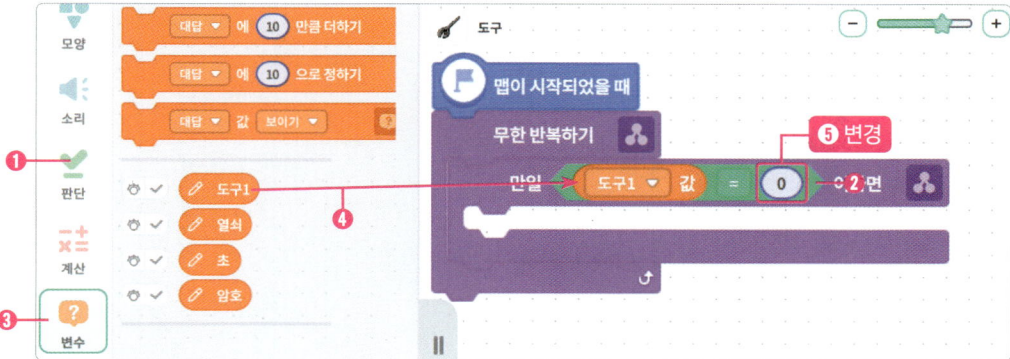

3 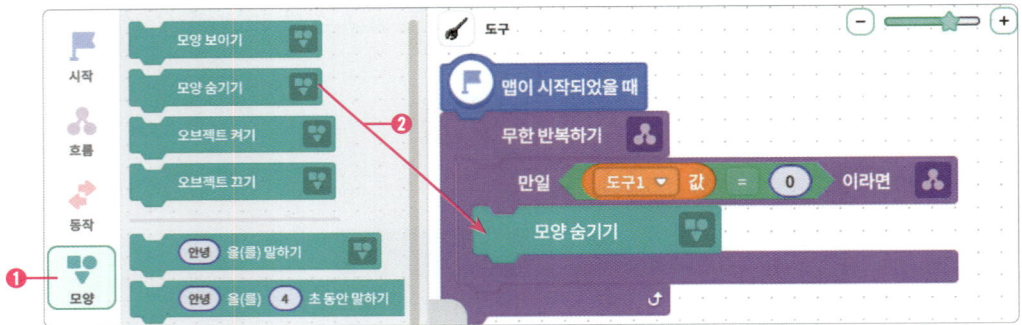를 안쪽에 연결해요.

TIP '도구'를 찾지 못한 상태(도구1 = 0)이면 실행화면에서 보이지 않게 숨겨요.

4 에서 임의의 신호를 받았을 때를 드래그하여 **도구**로 변경한 후 에서 모양 보이기를 연결해요.

TIP '장식' 오브젝트의 질문을 맞혔을 경우 '도구' 신호를 받아서 숨겨져 있던 '도구' 오브젝트가 실행화면에 나타나요.

Step 03 마우스포인터를 따라다니는 '도구' 오브젝트

1 도구 오브젝트가 선택된 상태에서 의 오브젝트를 클릭했을 때를 드래그해요. 이어서, 에서 무한 반복하기를 연결하고 만일 참 이라면을 안쪽에 연결해요.

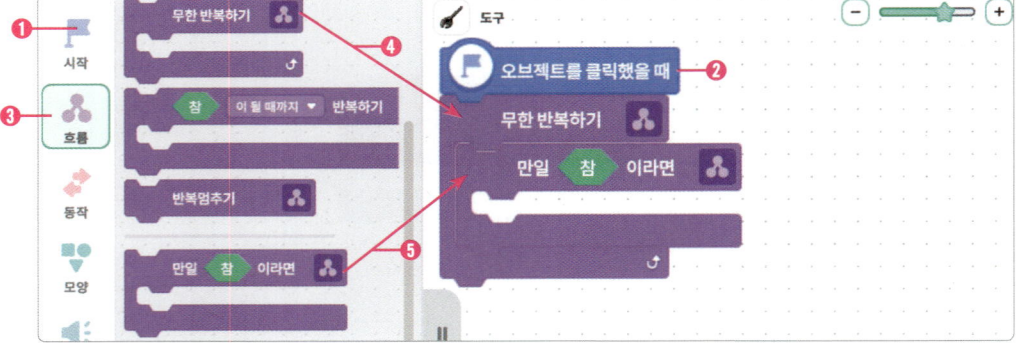

100

2 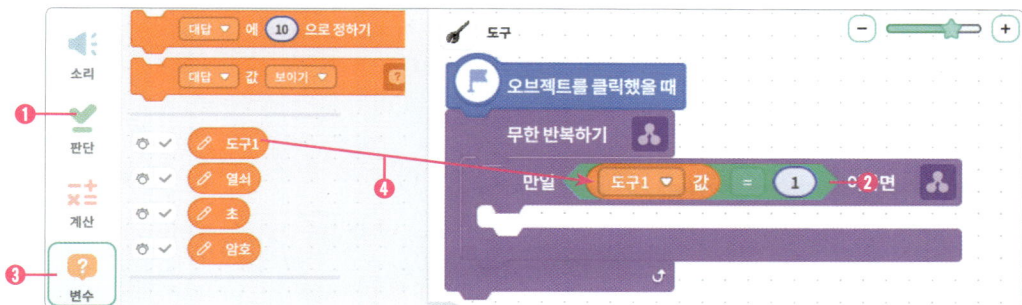 에서 `1 = 1` 를 **참**에 끼워 넣고 에서 `도구1` 을 왼쪽 **1**에 끼워 넣어요.

3 에서 `x: 10 y: 10 좌표로 이동하기` 를 연결한 후 에서 `마우스 x 좌표` 를 x와 y 양쪽에 끼워 넣어요. 이어서, y 좌표의 마우스 좌표를 **y**로 변경해요.

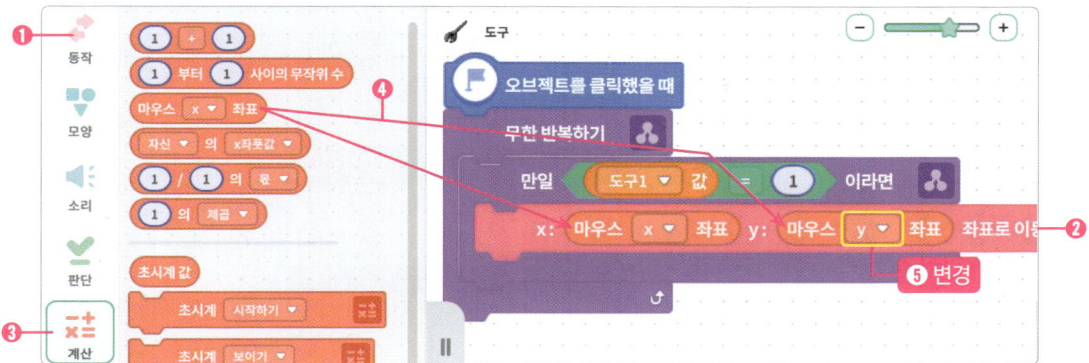

TIP 도구를 찾아서 '도구1' 변수 값이 '1'이 되면 '도구' 오브젝트가 마우스포인터를 계속 따라다녀요.

Step 04 '항아리'에 숨겨진 열쇠 찾기

1 실행화면 또는 오브젝트 목록에서 **항아리**를 클릭한 후 에서 `맵이 시작되었을 때` 을 드래그해요. 이어서, 에서  `무한 반복하기` 를 연결한 후 `만일 참 이라면` 을 안쪽에 연결해요.

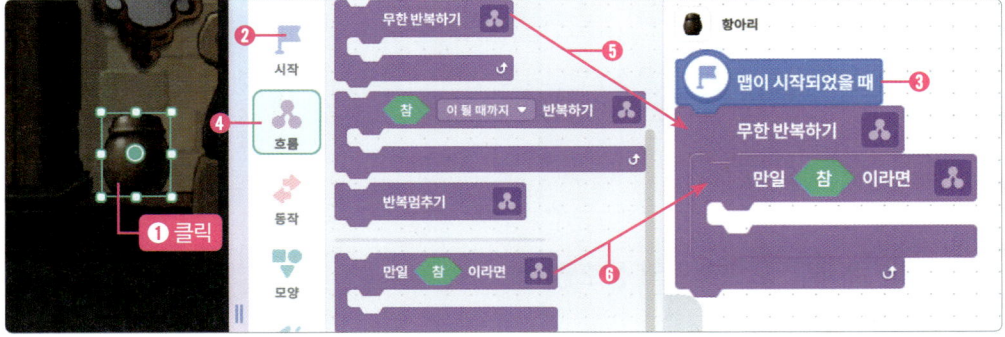

2  에서 `참 그리고 참` 을 **참**에 끼워 넣은 후 `마우스포인터 에 닿았는가?` 와 `1 = 1` 를 양쪽 **참**에 끼워 넣어요.

3 에서 `도구1` 을 왼쪽 **1**에 끼워 넣은 후 `대답 에 10 으로 정하기` 2개를 안쪽에 연결해요. 이어서, 위쪽 변수는 **도구1, 0**으로, 아래쪽 변수는 **열쇠, 1**로 변경해요.

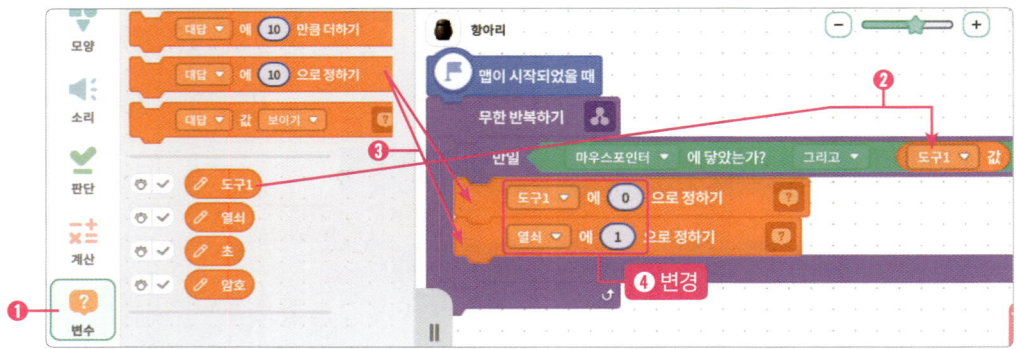

4 에서 `기본 모양으로 변경한다` 를 연결한 후 **열쇠**로 변경해요.

TIP 도구를 찾아서 '도구1' 변수 값이 '1'인 상태로 마우스포인터가 '항아리'에 닿으면 '도구1'과 '열쇠' 변수의 값을 정하고 모양을 '열쇠'로 변경해요.

레벨Up '도구'와 '항아리' 오브젝트의 상호관계

마우스포인터를 따라다니는 '도구'가 '항아리' 오브젝트에 닿으면 '열쇠'를 얻기 위해 '도구1' 변수 값을 '0'으로 정하여 '도구'를 버리고 반대로 '열쇠' 변수 값을 '1'로 정하여 '열쇠'가 마우스포인터를 계속 따라다녀요.

미션 해결하기

① '항아리' 오브젝트를 클릭했을 때 '열쇠' 변수 값이 '1'인지 확인하는 코드를 작성해 보세요.

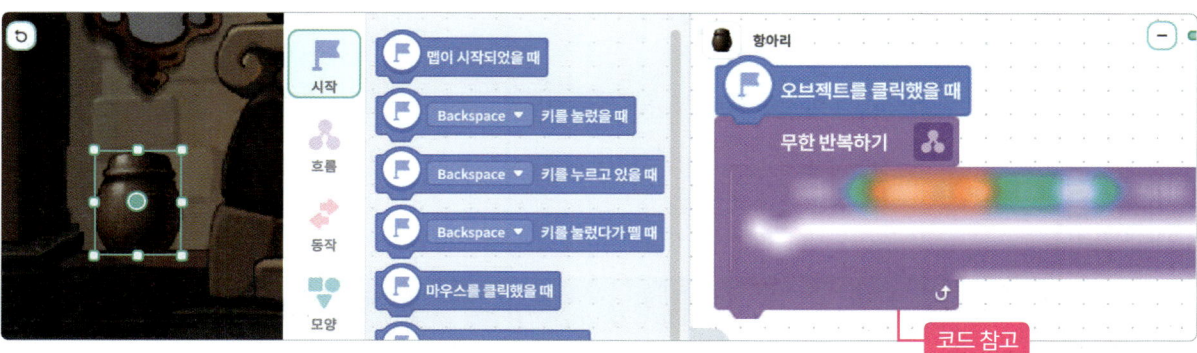

> 🌱 **Hint**
> '항아리' 오브젝트를 클릭했을 때 '열쇠' 변수 값이 '1'과 같은지 계속 확인해요.

② 만약 '열쇠'를 찾았다면 해당 오브젝트가 마우스포인터를 계속 따라다니도록 블록을 추가해 보세요.

> 🌱 **Hint**
> 마우스 x-y 좌표로 이동하는 블록은 에 있어요.

③ 를 눌러 월드를 저장한 후 [시작] 맵을 선택하고 시작하기(▶)를 클릭하여 방 탈출 게임을 즐겨보세요.

> 🌱 **Hint**
> [방탈출1] 맵은 '열쇠'를 찾아야 방을 탈출할 수 있으며, [방탈출2] 맵은 숨겨진 '암호'를 찾아야 방을 탈출할 수 있어요.

인물 퀴즈 만들기-1

- 인물 퀴즈에 필요한 연예인 사진을 인터넷에서 캡처하여 저장할 수 있습니다.
- 연예인 사진을 오브젝트로 추가한 후 모양을 추가할 수 있습니다.
- 인물 퀴즈 리스트를 이용하여 퀴즈 정답을 등록할 수 있습니다.

📁 **소스파일** 15차시 소스파일.mod   📁 **정답파일** 15차시 정답파일.mod

주요 오브젝트

오브젝트	설명
인물퀴즈	• 인터넷에서 캡처한 연예인 사진을 오브젝트로 등록해요. • 모양에서 5개의 상태를 추가한 후 캡처한 연예인 사진을 등록해요.
배경	시작 신호를 받으면 '인물퀴즈' 리스트에 정답으로 사용할 연예인 이름을 등록해요.
T 시작	• 맵이 시작되면 지정된 x-y 좌표로 이동하여 7초 동안 내용을 보여준 후 실행화면에서 숨겨요. • 퀴즈의 난이도를 묻고 답변을 받은 후 '시작' 신호를 보내요.

 **인물 퀴즈에 사용할 '연예인 사진' 캡처하기**

1 인물 퀴즈에 사용할 사진을 캡처하기 위해 네이버에서 연예인 이름으로 검색한 후 [이미지]를 클릭해요.

2 ⊞+Shift+S를 눌러 캡처 상태가 활성화되면 인물 퀴즈로 사용할 사진을 드래그하여 선택해요. 이어서, 화면 우측 아래 [캡처 도구] 대화상자가 나오면 클릭해요.

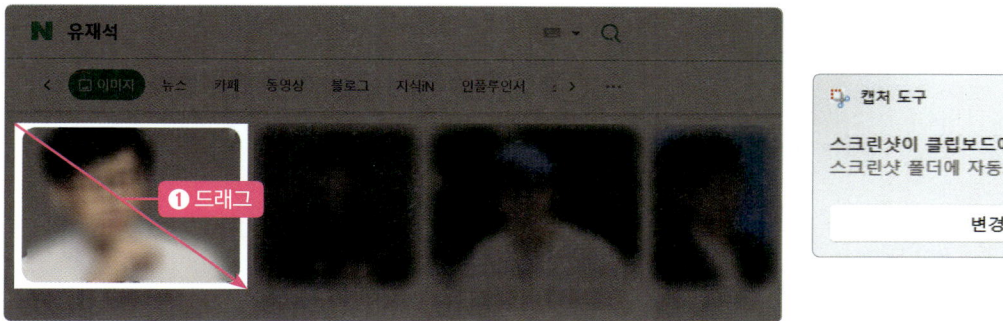

3 캡처된 이미지를 확인한 후 💾를 눌러 [사진] 폴더에 **파일명(연예인 이름)**을 입력하고 <저장>을 클릭해요.

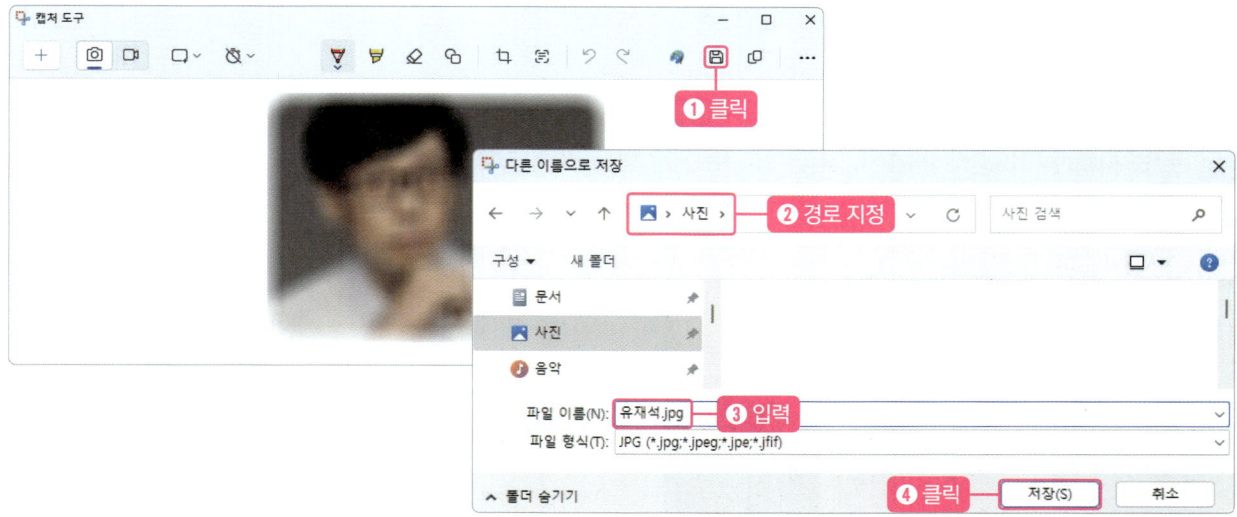

4 똑같은 방법으로 인물 퀴즈에 사용할 연예인 사진 4장을 캡처한 후 저장해요.

 ## '연예인 사진'을 오브젝트로 추가하기

1. **15차시 소스 파일**을 불러와 월드 이름(15차시)을 입력한 후 <확인>을 클릭해요.
2. 연예인 사진을 오브젝트로 추가하기 위해 [**오브젝트 추가하기(➕)**]-[**오브젝트 추가하기**]를 클릭한 후 [**파일 올리기**]에서 🖼️를 선택해요.

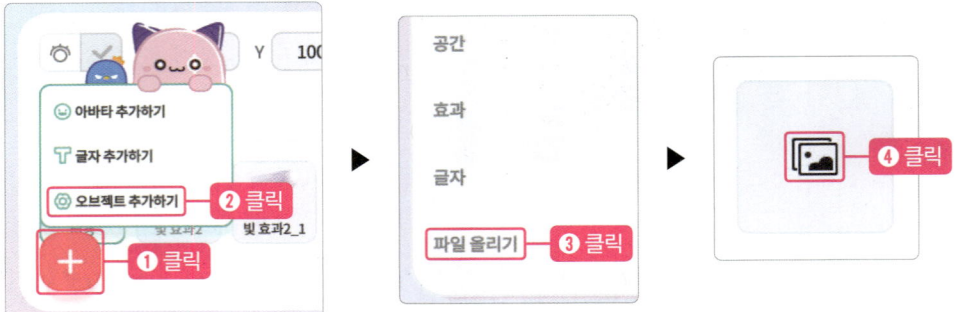

3. [Load] 대화상자가 나오면 [**사진**] 폴더에서 5개의 연예인 사진을 모두 선택한 후 <열기>를 클릭해요.

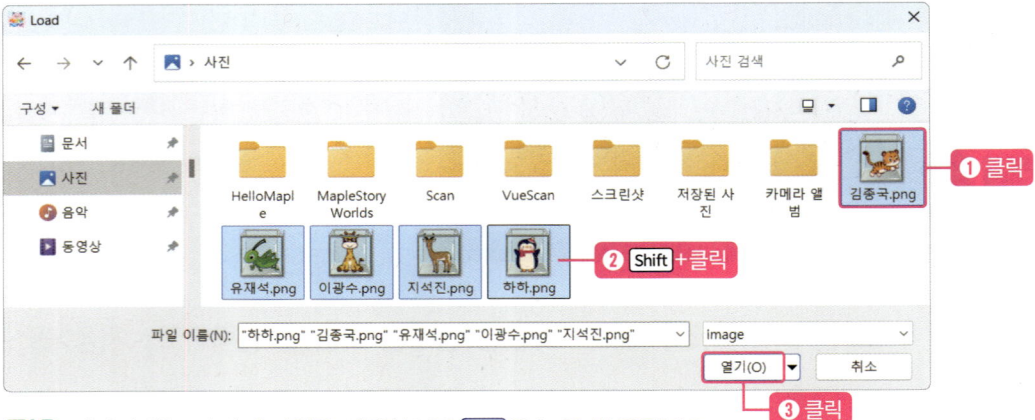

TIP 떨어져 있는 각각의 파일을 선택하려면 Ctrl을 누른 채 클릭해요.

4. 이미지 파일이 등록되면 첫 번째 문제로 사용할 이미지를 선택하여 아래 그림과 같이 **크기**와 **위치**를 변경한 후 **닫기**를 클릭해요. 이어서, 오브젝트 이름을 **인물퀴즈**로 변경해요.

TIP 오브젝트의 크기 및 위치 변경을 위해 기본 커서(🖱️)로 작업해요.

5 **인물퀴즈** 오브젝트에 모양을 추가하기 위해 **[모양]** 탭에서 **상태 추가하기**를 클릭한 후 추가할 연예인 이름(예 : 김종국)을 입력하고 <확인>을 클릭해요.

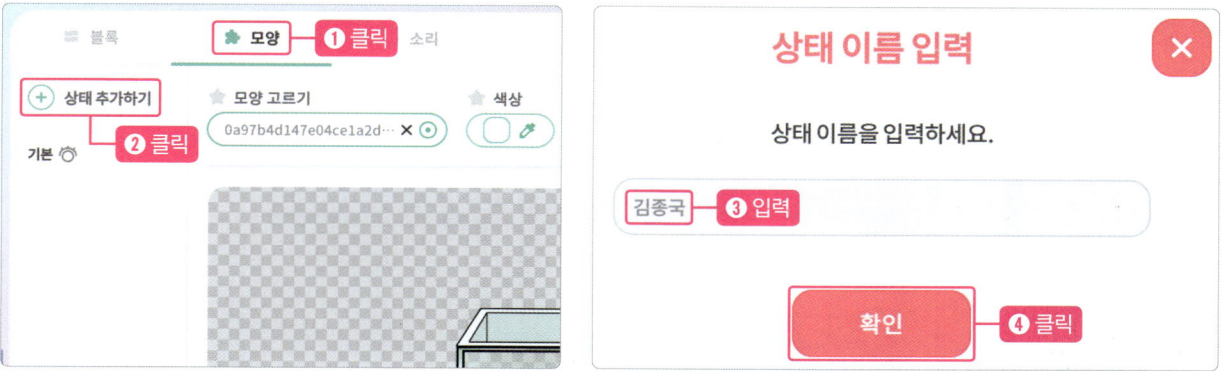

6 새롭게 추가된 연예인 이름을 선택 후 **모양 고르기**(◉)를 클릭해요. 오브젝트 목록이 나오면 **[파일 올리기]**에서 이름에 맞는 연예인 사진을 클릭해요.

7 모양이 추가되면 똑같은 방법으로 나머지 연예인 사진도 이름별로 추가해요.

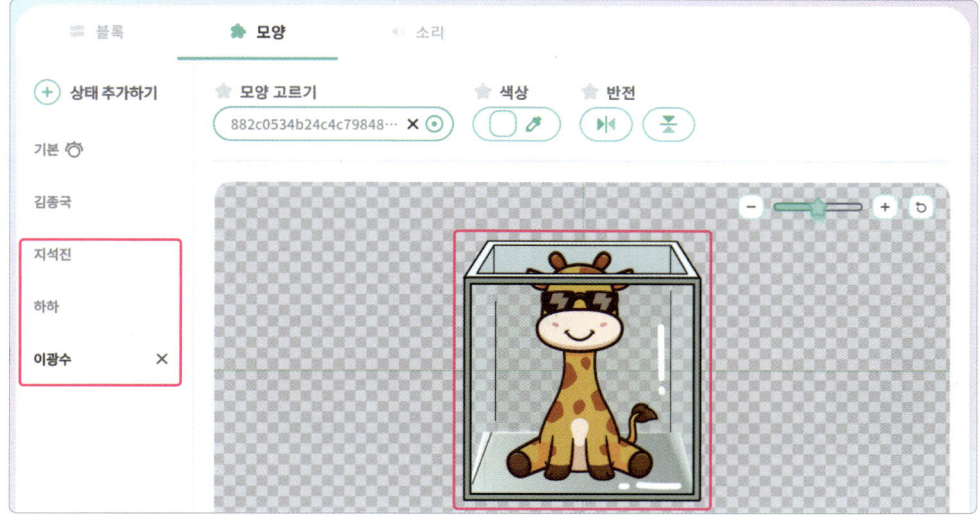

TIP 인물 퀴즈 문제 출제 시 모양을 바꿔가며 출제하기 위해 여러 명의 연예인 사진을 모양으로 추가했어요.

Step 03 인물 퀴즈 정답 등록하기

1 실행화면 또는 오브젝트 목록에서 **배경**을 선택한 후 에서 임의의 신호를 받았을 때 를 드래그하여 **시작**으로 변경해요.

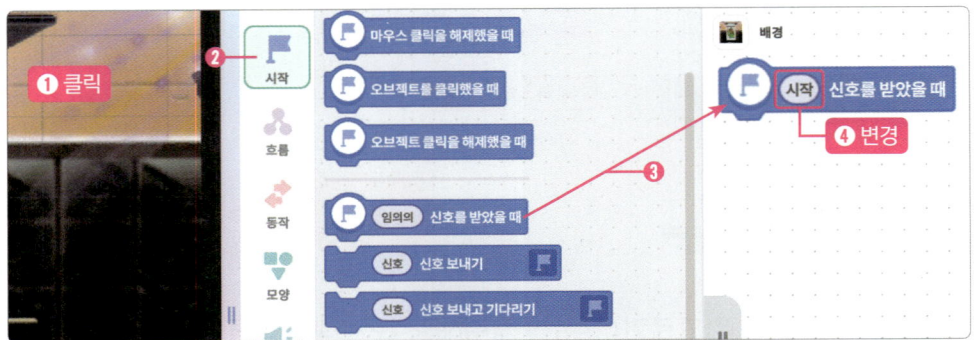

2 에서 안녕 항목을 리스트를 선택하세요 ▼ 추가하기 를 5개 연결해요. 이어서, 5개 모두 **인물퀴즈** 리스트로 변경한 후 모양에 등록한 사진 순서에 맞추어 인물의 이름을 입력해요.

레벨Up 리스트란?

리스트는 여러 개의 변수를 한 번에 담을 수 있는 공간이라고 생각하면 좋을 것 같아요. 퀴즈 문제를 만들기 위해서는 5개의 변수가 필요하며 각각의 변수를 구분할 수 있는 번호(1~5)도 있어야 해요. 이렇게 여러 값을 한 번에 처리할 수 있도록 도와주는 것이 바로 '리스트'예요.

▲ '기차' 리스트(1번 : 유재석, 2번 : 김종국, 3번 : 지석진, 4번 : 하하, 5번 : 이광수)

미션 해결하기

① 맵이 시작되었을 때 '인물퀴즈' 오브젝트가 실행화면에 숨겨지고 '순서' 변수가 '1'로 정해지도록 코드를 작성해 보세요.

> **Hint**
> '순서' 변수의 값(현재는 1로 정함)을 이용하여 '인물퀴즈' 리스트의 순서(1부터 5)를 확인해요.

② '시작' 신호를 받았을 때 '인물퀴즈' 오브젝트가 첫 번째 모양인 '기본' 모양으로 변경하고 실행화면에 보이도록 코드를 작성해 보세요.

> **Hint**
> '시작' 신호를 받으면 숨겨져 있던 '인물퀴즈' 오브젝트가 '기본' 모양으로 변경한 후 실행화면에 나타나요.

③ 현재 작업한 파일을 다음 차시 소스 파일로 사용해야 하기 때문에 [파일]-[월드 저장하기]를 클릭해요.

④ 시작하기()를 클릭하여 게임의 난이도를 선택한 후 첫 번째 문제가 나오는지 확인해 보세요.

> **Hint**
> 게임의 난이도를 입력할 때는 반드시 숫자(예 : 5)로 입력하세요. 해당 숫자는 인물 퀴즈를 실행했을 때 사진을 실행화면에 보여주는 시간(초)이에요.

인물 퀴즈 만들기 - 2

○ 리스트 항목의 개수만큼 문제를 반복하여 출제할 수 있습니다.
○ 질문에 대한 대답을 리스트 항목에서 비교하여 정답 유무를 확인할 수 있습니다.
○ 신호와 변수를 이용하여 다음 문제에 맞게 모양을 변경할 수 있습니다.

📁 **소스파일** 16차시 소스파일.mod   📁 **정답파일** 16차시 정답파일.mod

오브젝트	설명
인물퀴즈	• 리스트 항목의 개수만큼 문제를 반복하여 출제해요. • 질문에 대한 대답을 리스트 항목에서 비교하여 정답 유무를 확인해요. • 첫 번째 문제 출제가 끝나면 '변수'와 '신호'를 이용하여 다음 문제를 출제해요.
배경	'시작' 신호를 받으면 '인물퀴즈' 리스트에 정답으로 사용할 연예인 이름을 등록해요.
T 시작	• 맵이 시작되면 지정된 x-y 좌표로 이동하여 7초 동안 내용을 보여준 후 실행화면에서 숨겨요. • 게임의 난이도를 묻고 답변을 받은 후 시작 신호를 보내요.
T 종료	'종료' 신호를 받으면 인물 퀴즈에서 맞힌 개수를 알려줘요.

Step 01 '인물퀴즈' 리스트 항목수에 맞추어 문제 출제하기

1 이전 차시에서 작업한 파일을 불러오기 위해 [만들기]에서 **15차시**를 선택한 후 **<이어서 만들기>**를 클릭해요.

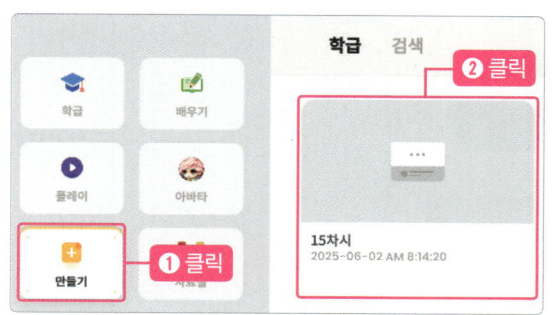
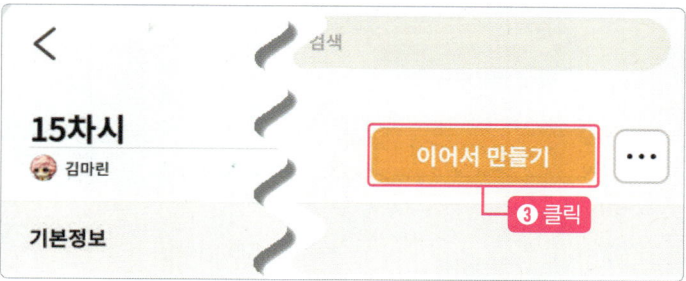

TIP 이전 차시에서 작업한 파일이 없는 경우에는 '16차시 소스 파일'을 불러와 작업해요.

2 실행화면 또는 오브젝트 목록에서 **인물퀴즈**를 선택한 후 (흐름)에서 (3 회 반복하기)와 (10 초 기다린다)를 (모양 보이기) 아래쪽에 연결해요.

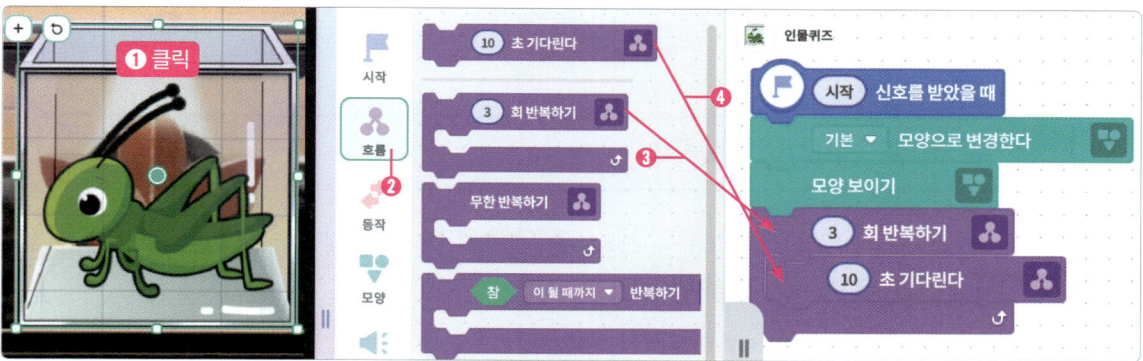

3 리스트의 항목 수만큼 반복하기 위해 (변수)에서 (리스트를 선택하세요 항목수)를 3에 끼워 넣고 **인물퀴즈**로 변경한 후 (난이도)를 10에 끼워 넣어요.

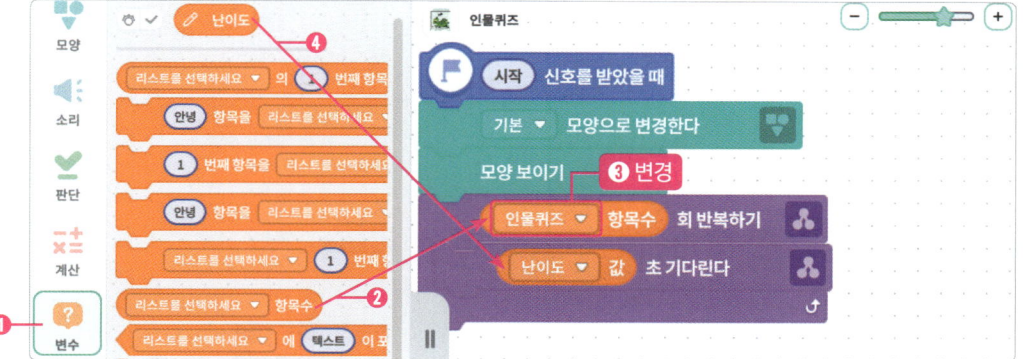

TIP '인물퀴즈' 리스트 항목 개수(현재 5개)만큼 문제를 반복해서 출제하며, 문제 난이도 선택에서 입력한 숫자를 '어려움 1(1초), 보통 3(3초), 쉬움 5(5초)' 초로 정하여 해당 시간만큼 사진을 보여줘요.

4 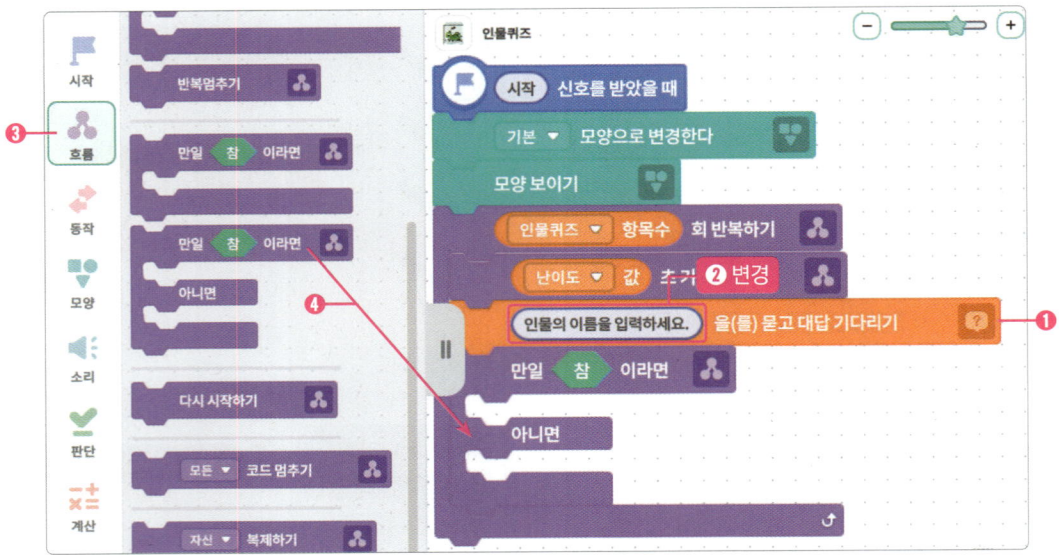 를 연결하여 **내용(인물의 이름을 입력하세요.)**을 변경한 후 에서 을 안쪽에 연결해요.

Step 02 '인물퀴즈' 정답 확인하기

1 인물퀴즈의 대답이 정답인지 확인하기 위해 판단 에서 1 = 1 을 **참**에 끼워 넣고 변수 에서 대답 과 리스트를 선택하세요 의 1 번째 항목 을 양쪽에 끼워 넣어요.

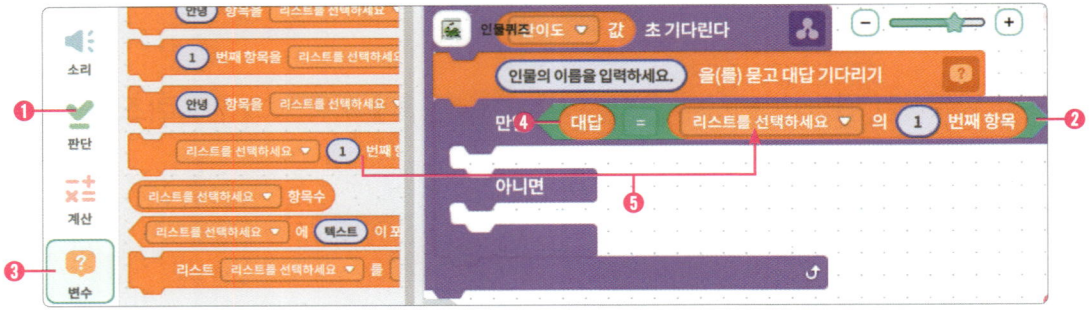

2 리스트를 **인물퀴즈**로 변경한 후 순서 를 1에 끼워 넣어요.

TIP 첫 번째 질문에 대한 대답이 '인물퀴즈' 리스트의 첫 번째 항목(예 : 유재석)과 같은지 비교해요. '순서' 변수의 값은 현재 '1'이 저장되어 있으며, 반복할 때마다 '1'씩 증가하여 2, 3, 4, 5로 값이 변경돼요.

리스트 번호

리스트를 만들어 항목을 추가하면 순서대로 번호가 지정돼요. 이전 15차시에서 모양 순서에 따라 '인물퀴즈' 리스트에 항목을 추가했기 때문에 순서를 구분할 수 있는 번호가 자동으로 정해져요. 우리는 이 리스트 번호를 이용하여 문제 순서와 정답이 일치하는지 확인할 수 있어요.

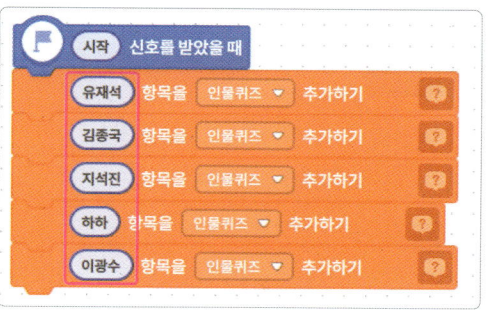

3 정답을 처리하기 위해 `모양`에서 `안녕 을(를) 4 초동안 말하기` 와 `변수`에서 `대답 ▼ 에 10 만큼 더하기` 를 **만일** 안쪽에 연결해요. 이어서, 아래 그림처럼 **말하기(오~대단!, 2)**와 **변수(점수, 1)**를 변경해요.

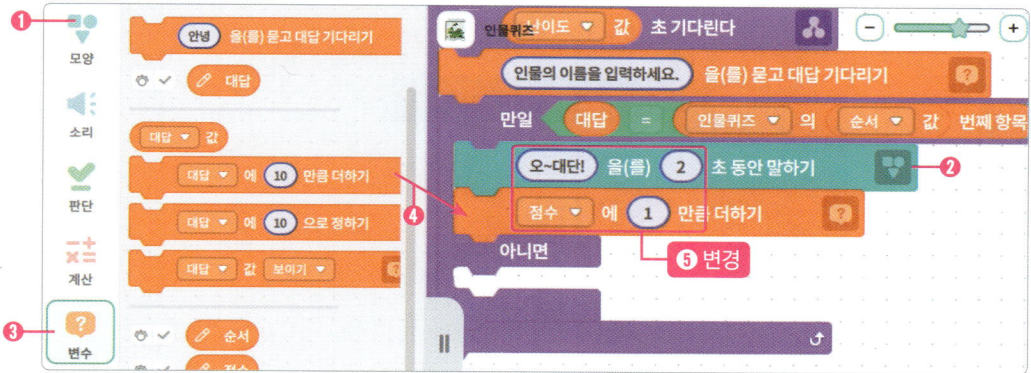

4 오답을 처리하기 위해 `모양`에서 `안녕 을(를) 4 초동안 말하기` 를 **아니면** 안쪽에 연결한 후 **땡!**과 **2초**로 변경해요.

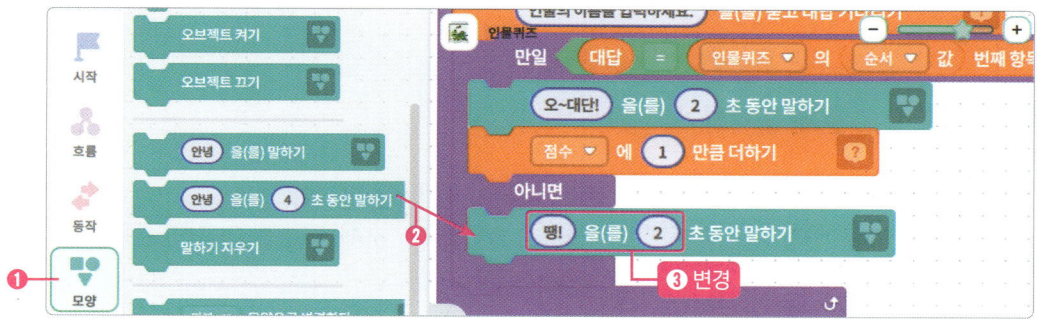

TIP 인물퀴즈에 대한 대답이 정답이면 '오~대단!'이라는 말과 함께 '점수' 변수 값을 '1' 증가시키고, 오답이면 '땡!'을 말해요.

Step 03 순서를 변경하여 다음 문제 출제하기

1 ? 에서 `대답 ▼ 에 10 만큼 더하기` 와 ▶에서 `신호 신호 보내기 ▶`를 **아니면** 아래쪽에 연결한 후 변수 **(순서, 1)**와 신호**(다음 문제)**를 변경해요.

TIP 첫 번째 문제 출제가 끝나면 '순서' 변수에 '1'을 더해 다음 문제(2번)가 출제될 수 있도록 신호를 보내요.

2 모든 문제 출제가 끝나면 결과를 알려주기 위해 ▶에서 `신호 신호 보내기 ▶`를 **~회 반복하기** 아래쪽에 연결한 후 **종료**로 변경해요. 이어서, 모양에서 `모양 숨기기`를 연결해요.

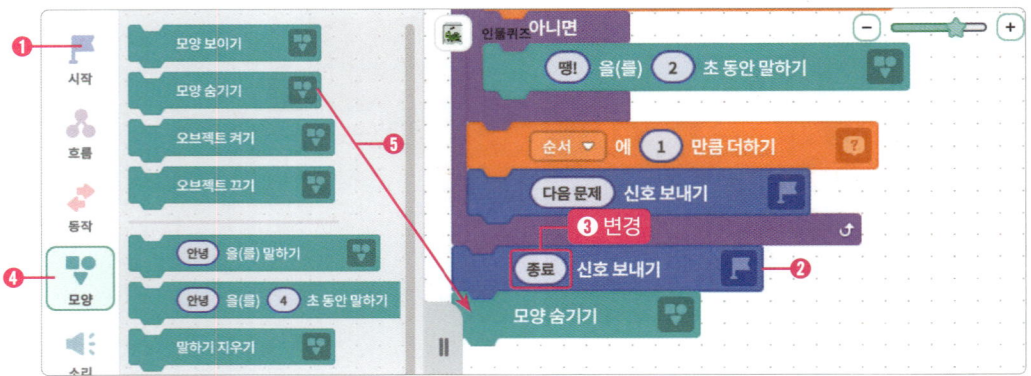

3 **시작하기(▶)**를 클릭하여 작성한 코드를 테스트해 보세요.

 **다음 모양으로 문제 출제하기**

'시작하기(▶)'를 클릭하여 인물 퀴즈 게임을 풀어보면 첫 번째 문제 이후 다음 문제가 출제되지 않는 것을 알 수 있습니다. 다음 페이지 '미션 해결하기'에서 '다음 문제' 신호를 받았을 때 '순서' 변수를 이용하여 모양이 변경되도록 코드를 완성해 보세요.

미션 해결하기

① '다음 문제' 신호를 받았을 때 '순서' 변수 값이 '2'이면 해당 번호에 맞는 연예인 사진으로 모양이 변경되도록 코드를 추가해 보세요.

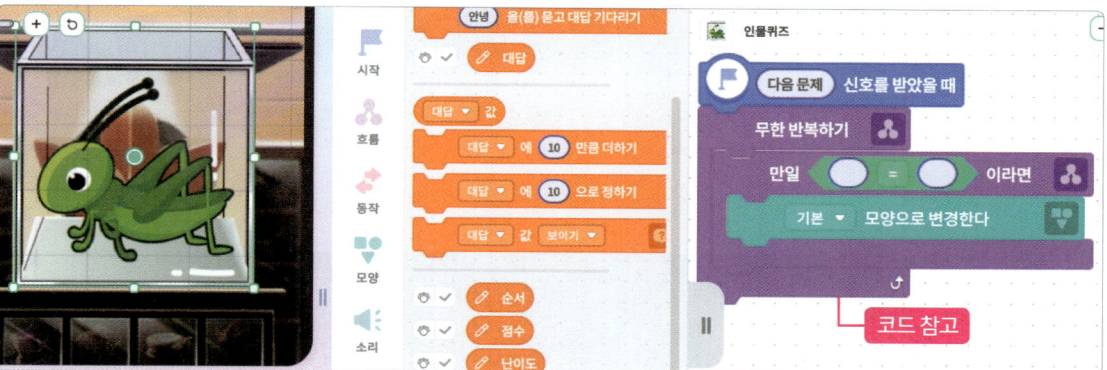

> **Hint**
> '다음 문제' 신호를 받았을 때 '인물퀴즈' 리스트 항목 중에서 두 번째 항목과 일치하는 모양으로 사진을 변경하기 위해 '순서' 변수 값이 '2'인지 확인한 후 일치하면 해당 순서의 모양으로 변경해요.

② [만일 ~이라면] 코드 전체를 복제하여 아래쪽에 연결한 후 '순서'와 '모양'을 변경해요.

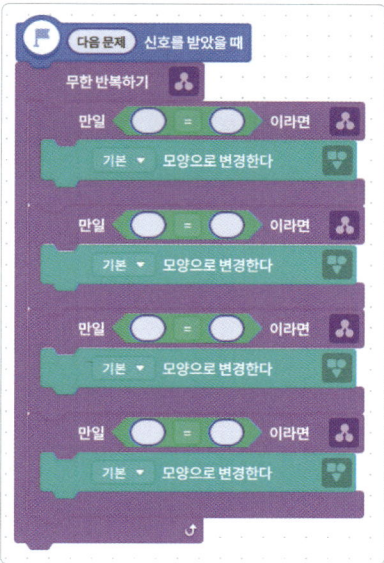

> **Hint**
> 남은 문제 개수만큼 코드를 복제하여 붙여 넣은 후 순서(3, 4, 5)를 변경하고 해당 번호에 맞는 연예인 사진으로 모양도 변경해 주세요.

③ 시작하기()를 클릭하여 인물 퀴즈 게임을 플레이해 보세요.

> **Hint**
> 사진을 보고 해당 연예인의 이름을 입력해요.

무한점프 몬스터 런-1

- 무한점프를 할 수 있도록 변수를 이용하여 y좌표 값을 계속 바꿀 수 있습니다.
- 점프를 할 때마다 버섯돌이 위치로 이동하여 화려한 효과를 줄 수 있습니다.
- 복제본이 생성될 때 무작위 수를 이용하여 모양을 바꿀 수 있습니다.

📁 소스파일   17차시 소스파일.mod   📁 정답파일   17차시 정답파일.mod

오브젝트	설명
버섯돌이	• y좌표 값을 변수로 지정하여 계속 점프를 해요. • '음식'에 닿으면 '점수' 변수 값이 '1' 증가하고, '트랩'에 닿으면 '생명' 변수 값이 '1' 감소해요.
효과	• 맵이 시작되면 '버섯돌이' 위치로 계속 이동해요. • 변수를 이용하여 점프를 할 때마다 멋진 효과를 보여줘요.
배경	• 배경이 왼쪽으로 계속 이동하도록 x좌표를 '-1'만큼 바꿔요. • 지정된 범위를 벗어났을 경우 화면 오른쪽 끝으로 이동시켜요.
트랩	• 무작위 수로 모양을 변경하여 복제해요. • 화면 오른쪽 끝에서 왼쪽 끝으로 이동한 후 복제본을 삭제해요.
음식	• 무작위 수로 모양을 변경하여 복제해요. • '버섯돌이'에 닿았거나 화면 왼쪽 끝으로 이동하면 복제본을 삭제해요.

 **무한 점프하는 '버섯돌이' 만들기**

1 17차시 소스 파일을 불러와 월드 이름(17차시)을 입력한 후 <확인>을 클릭해요.

2 실행화면 또는 오브젝트 목록에서 **버섯돌이**를 선택하고 시작에서 맵이 시작되었을 때 을 드래그한 후 흐름에서 무한 반복하기 를 연결해요.

3 동작에서 y좌표를 10 만큼 바꾸기 를 안쪽에 연결한 후 변수에서 Y 을 10에 끼워 넣어요.

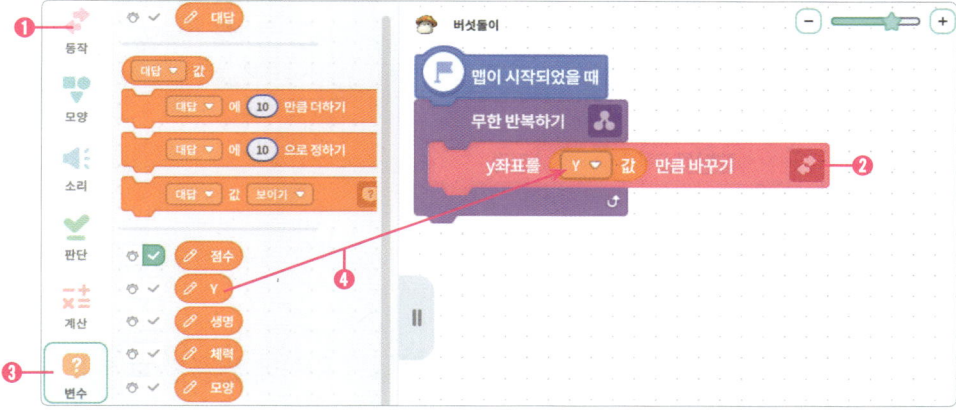

TIP 위로 올라갔다가 내려오는 무한 점프를 해야 하기 때문에 y좌표 값을 '변수'로 지정하여 값을 계속 변경해야 해요.

4 흐름에서 만일 참 이라면 아니면 을 연결한 후 판단에서 마우스포인터 에 닿았는가? 를 참에 끼워 넣고 **다리**로 변경해요.

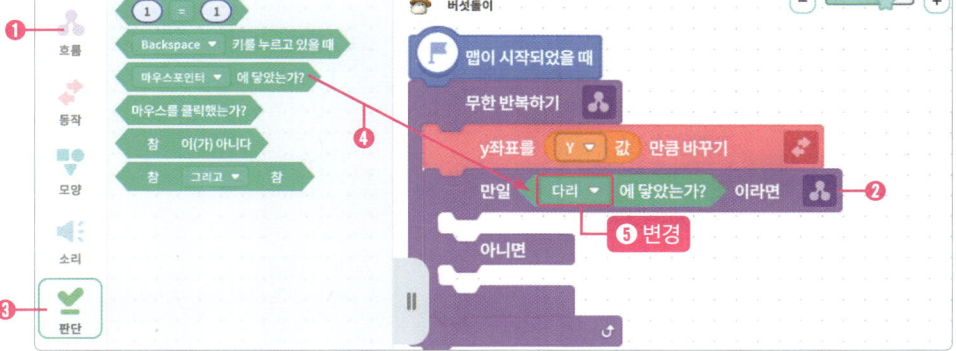

5 🔊소리 에서 [피격 ▼ 사운드 재생] 🔊를 **만일** 안쪽에 연결한 후 **점프**로 변경해요.

6 ❓변수 에서 [대답 ▼ 에 10 으로 정하기] ❓를 **만일** 안쪽에 2개를 연결한 후 위쪽 변수는 Y, 12 아래쪽 변수는 **효과**, 1로 변경해요.

7 ❓변수 에서 [대답 ▼ 에 10 만큼 더하기] ❓ 와 [대답 ▼ 에 10 으로 정하기] ❓를 **아니면** 안쪽에 연결한 후 위쪽 변수는 Y, −0.4 아래쪽 변수는 **효과**, 0으로 변경해요. 이어서, **시작하기**(▶)를 클릭하여 작성한 코드를 테스트해 보세요.

레벨Up — 무한점프 코드

❶ **위로 점프** : '버섯돌이'가 '다리' 오브젝트에 닿으면 위로 점프를 하기 위해 'Y' 변수 값을 '12'로 정해요. 정해진 변수 값은  에 적용되어 '버섯돌이'가 12만큼 이동하게 돼요.

❷ **아래로 내려오기** : '버섯돌이'가 '다리' 오브젝트에 닿지 않았을 경우에는 'Y' 변수 값에 '-0.4'를 계속 더해요. 해당 변수 값은  에 적용되어 '버섯돌이'가 점점 아래로 내려오게 돼요.('버섯돌이'가 '다리'에 닿을 때까지 12에서 -0.4를 계속 뺌 → 12, 11.6, 11.2 ~ -0.4, -0.8...)

❸ y좌표는 가운데 '0'을 기준으로 값이 양수(예 : 1)인 경우에는 위쪽으로 이동하며, 음수(예 : -1)인 경우에는 아래쪽으로 이동해요.

▲ 위로 점프

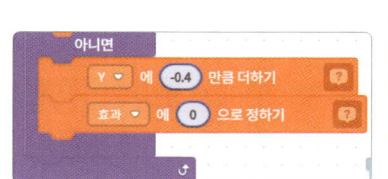 
▲ 아래로 내려오기

Step 02 — 점프할 때 멋진 효과 주기

1 실행화면 또는 오브젝트 목록에서 **효과**를 선택하고 시작에서 맵이 시작되었을 때 을 드래그해요.

2 흐름에서 무한 반복하기 를 연결한 후 동작에서 자신 위치로 이동하기 을 안쪽에 연결하고 **버섯돌이**로 변경해요.

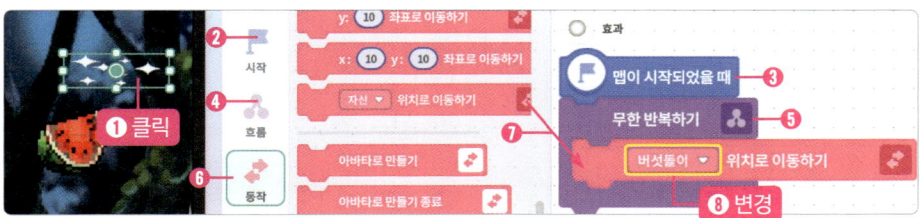

TIP 맵이 시작되면 '효과' 오브젝트가 '버섯돌이' 오브젝트 위치로 이동해요.

레벨Up — 효과 변수 값

'버섯돌이' 오브젝트에서 점프 코드를 작성할 때 '다리' 오브젝트에 닿으면 '효과'를 '1'로 정했고, 아니면 '0'으로 정했어요. '효과' 오브젝트는 해당 변수의 값을 이용하여 실행화면에 보이거나 숨길 수 있어요.

▲ 보이기(효과=1)   ▲ 숨기기(효과=0)

3  에서 을 연결한 후 에서 을 **참**에 끼워 넣어요.

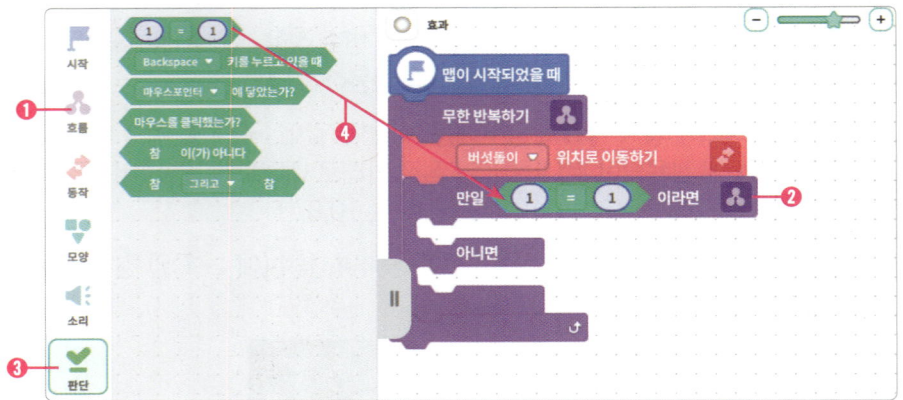

4 에서 를 1에 끼워 넣은 후 에서 와 를 **만일**과 **아니면** 사이에 각각 연결해요.

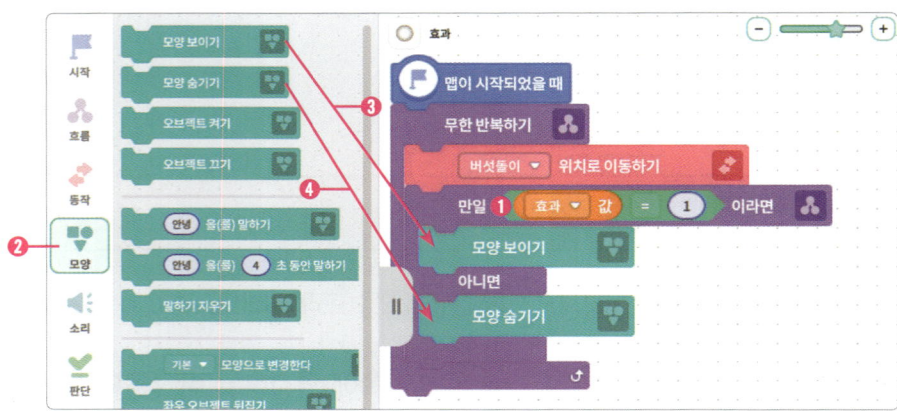

TIP '버섯돌이'가 '다리' 오브젝트에 닿아 '효과' 변수가 '1'로 정해지면 모양을 보이고, 닿지 않으면(효과 변수=0) 모양을 숨겨요.

레벨Up '배경' 오브젝트 코드 살펴보기

'버섯돌이'가 점프를 하면서 계속 앞으로 이동하는 것처럼 보이기 위해 '배경' 오브젝트의 x좌표 값을 '-1'(왼쪽 방향)만큼 계속 바꿔요. 왼쪽으로 계속 이동하던 '배경' 오브젝트의 x좌표 값이 만약 '-3400'보다 작아졌을 때는 x좌표를 '1500'(오른쪽) 위치로 이동시킨 후 다시 왼쪽 방향으로 -1만큼 바꾸면서 이동해요.

미션 해결하기

① 복제된 '트랩' 오브젝트가 '기본' 또는 '트랩1' 모양 중 무작위로 하나가 정해지도록 코드를 완성해 보세요.

🌱 **Hint**
1과 2 사이의 무작위 수를 만드는 블록은  에서 찾을 수 있어요.

② 복제된 '음식' 오브젝트가 '기본' 또는 '음식1' 모양 중 무작위로 하나가 정해지도록 코드를 완성해 보세요.

🌱 **Hint**
1과 2 사이의 무작위 수를 만드는 블록은  에서 찾을 수 있어요.

③ 시작하기(▶)를 클릭하여 '버섯돌이' 오브젝트가 계속 점프를 하는지 확인해 보세요.

🌱 **Hint**
'버섯돌이' 오브젝트가 다리에 닿은 후 점프를 할 때마다 멋진 효과가 나타나는 것을 확인해 보세요. 현재는 미완성 된 코드이기 때문에 다음 차시에 나머지 코드를 작업해야만 정상적인 플레이를 할 수 있어요.

Challenge 18
무한점프 몬스터 런-2

- 방향키를 이용하여 '버섯돌이' 오브젝트를 조종할 수 있습니다.
- '생명' 변수 값에 맞추어 '생명1~생명3' 오브젝트를 보이거나 숨길 수 있습니다.
- [몬스터런-1] 맵의 특정 코드를 복사하여 [몬스터런-2] 맵에 붙여 넣을 수 있습니다.

📁 소스파일   18차시 소스파일.mod   📁 정답파일   18차시 정답파일.mod

주요 오브젝트

오브젝트	설명
버섯돌이	• y좌표 값을 변수로 지정하여 계속 점프를 해요. • 방향키를 이용하여 앞-뒤로 이동하고 높이 점프할 수 있어요.
효과	• 맵이 시작되면 '버섯돌이' 위치로 계속 이동해요. • 변수를 이용하여 점프를 할 때마다 멋진 효과를 보여줘요.
배경	• 배경이 왼쪽으로 계속 이동하도록 x좌표를 '-1'만큼 바꿔요. • 생명이 '0'이면 '게임오버' 신호를 보내고, 점수가 '20'이면 다른 맵으로 전환해요.
트랩	• 무작위 수로 모양을 변경하여 복제해요. • 화면 오른쪽 끝에서 왼쪽 끝으로 이동한 후 복제본을 삭제해요.
음식	• 무작위 수로 모양을 변경하여 복제해요. • '버섯돌이'에 닿거나 화면 왼쪽 끝으로 이동하면 복제본을 삭제해요.

Step 01 방향키를 이용하여 '버섯돌이' 조종하기

1 **18차시 소스 파일**을 불러와 월드 이름(18차시)을 입력한 후 <확인>을 클릭해요.

2 실행화면 또는 오브젝트 목록에서 **버섯돌이**를 선택하고 시작에서 맵이 시작되었을 때 을 드래그한 후 흐름에서

을 연결해요.

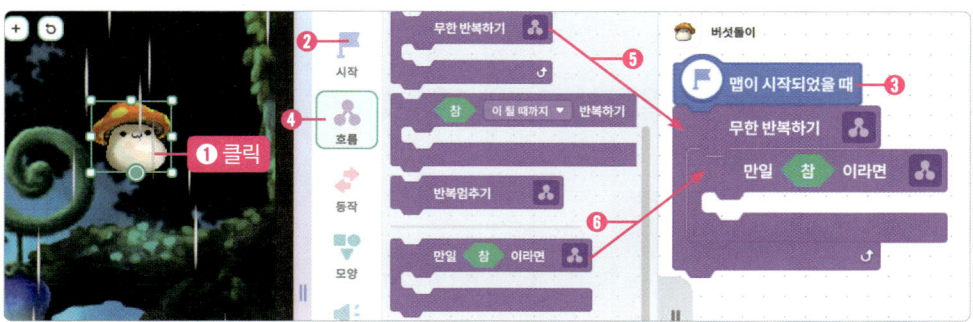

3 판단에서 `Backspace 키를 누르고 있을 때` 를 **참**에 끼워 넣고 **→**로 변경한 후 동작에서 `x좌표를 10 만큼 바꾸기` 를 안쪽에 연결하고 **7**로 변경해요.

TIP →를 누르면 '버섯돌이' 오브젝트가 앞(오른쪽)으로 이동하면서 점프해요.

4 `만일 참 이라면` 위에서 마우스 오른쪽 버튼을 눌러 **[여기부터 복제]**를 클릭하여 아래쪽에 연결한 후 키(←)와 x좌표 값(-7)을 변경해요.

TIP ←를 누르면 '버섯돌이' 오브젝트가 뒤(왼쪽)로 이동하면서 점프해요.

5 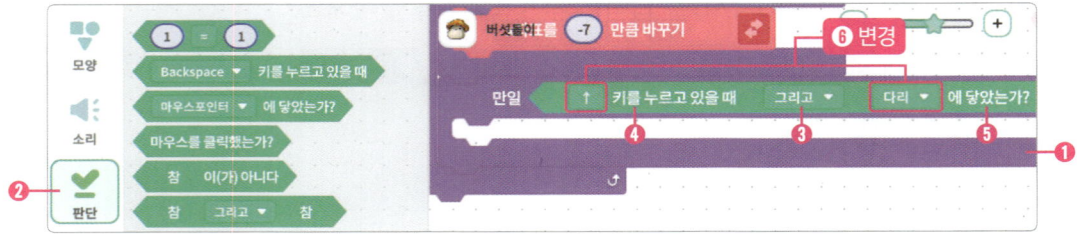에서 `만일 참 이라면`을 연결한 후 `판단`에서 `참 그리고 참`을 **참**에 끼워 넣어요. 이어서, `Backspace 키를 누르고 있을 때`와 `마우스포인터 에 닿았는가?`를 양쪽에 **참**에 끼워 넣고 ↑와 **다리**로 변경해요.

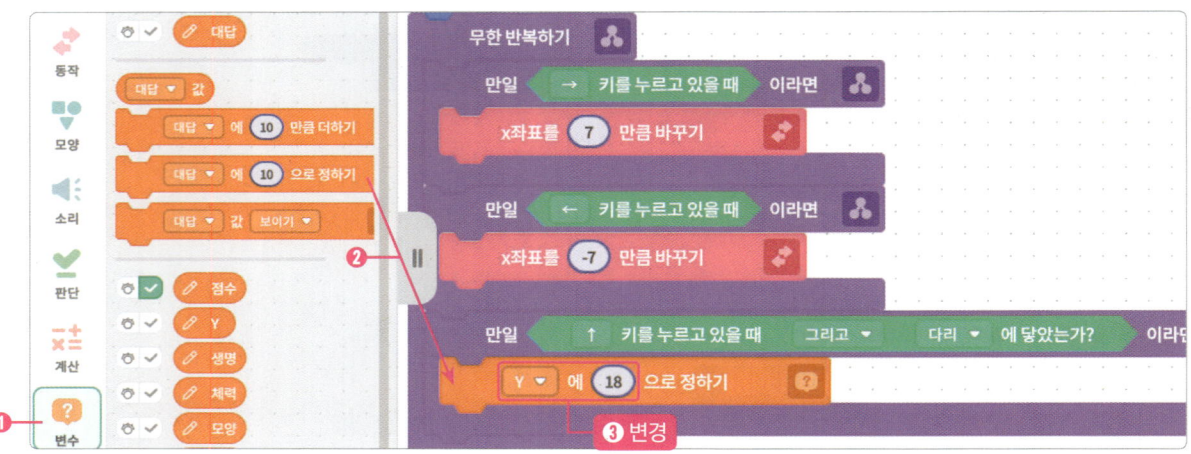

6 `변수`에서 `대답 에 10 으로 정하기`를 안쪽에 연결한 후 Y와 18로 변경해요. 이어서, **시작하기**()를 클릭하여 작성한 코드를 테스트해 보세요.

TIP '다리'에 닿은 상태에서 ↑를 누르면 Y 변수 값을 '18'로 정하여 '버섯돌이' 오브젝트가 높게 점프해요.

Step 02 '생명개수'에 맞추어 '생명' 오브젝트 표시하기

1 실행화면 또는 오브젝트 목록에서 **생명3**을 선택하고 `시작`에서 `맵이 시작되었을 때`을 드래그한 후 `호흐`에서 `무한 반복하기`와 `만일 참 이라면`을 연결해요.

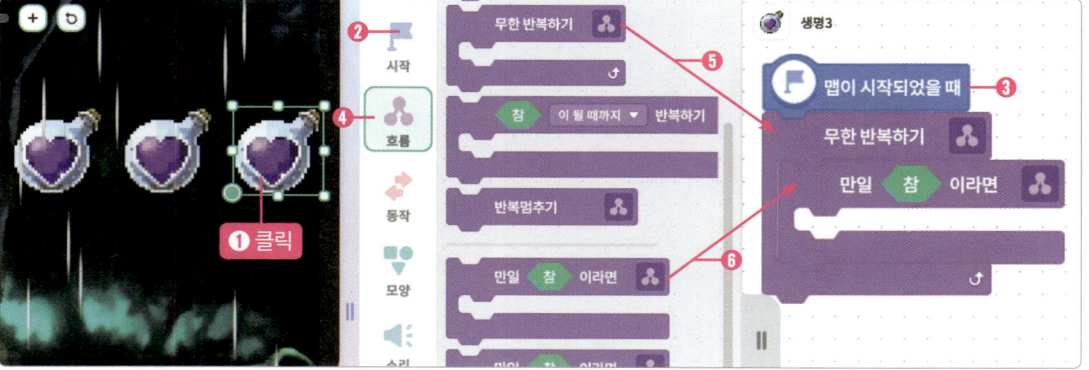

2 〔판단〕에서 `1 = 1` 를 **참**에 끼워 넣고 〔변수〕에서 `생명`을 왼쪽 1에 끼워 넣은 후 오른쪽 값을 **2**로 변경해요.

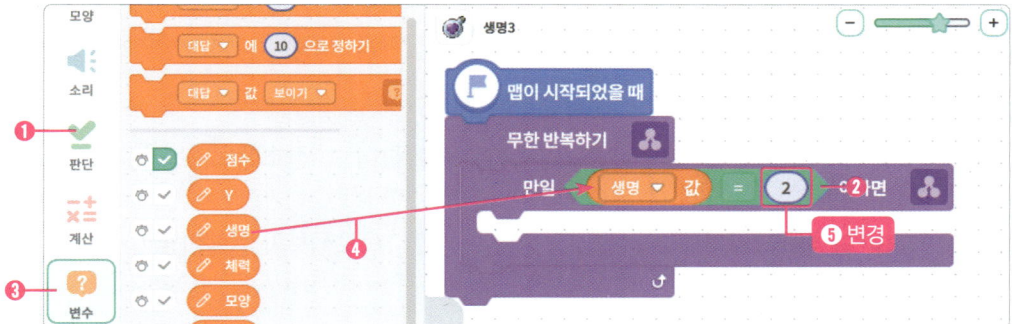

3 〔모양〕에서 `모양 숨기기` 를 안쪽에 연결해요.

TIP '생명' 변수 값이 '2'이면 '생명3' 오브젝트를 실행화면에서 보이지 않게 숨겨요.

4 `맵이 시작되었을 때` 위에서 마우스 오른쪽 버튼을 눌러 [**여기부터 복사**]를 클릭해요. **생명2**를 선택한 후 마우스 오른쪽 버튼을 눌러 [**복사한 내용을 붙여넣기**]를 클릭하고 값을 **1**로 변경해요.

5 똑같은 방법으로 **생명1**에도 복사한 코드를 붙여 넣은 후 값을 **0**으로 변경해요.

▲ '생명2' 오브젝트 　　　　　　▲ '생명1' 오브젝트

레벨 Up — 생명1, 생명2, 생명3 오브젝트

- : 맵이 시작되면 '생명' 변수 값은 '3'으로 정해지고, 해당 값만큼 '생명1, 생명2, 생명3' 오브젝트가 화면에 표시돼요.
- : 플레이 도중에 '버섯돌이'가 '트랩'에 닿았으면 '생명' 변수 값이 '1' 감소해요.
- : '생명' 변수 값이 '1'씩 감소할 때마다 '생명3, 생명2, 생명1' 오브젝트가 실행화면에서 숨겨져요.

Step 03 다른 맵으로 전환하기

1 실행화면 또는 오브젝트 목록에서 **배경**을 선택하고  에서  을 드래그한 후 에서

 을 연결해요.

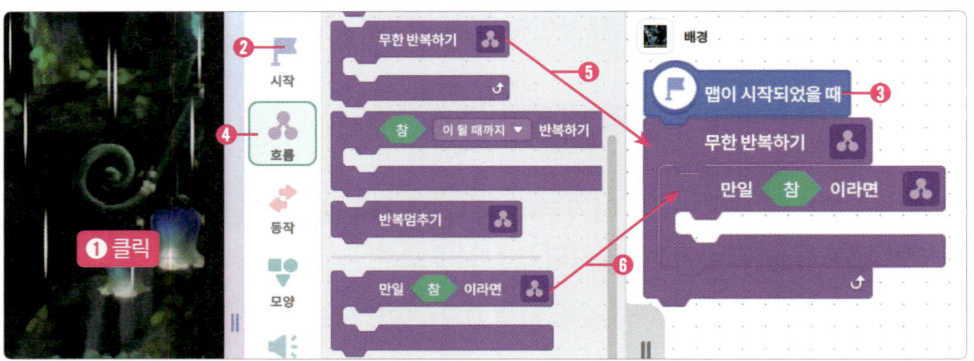

2 에서 을 참에 끼워 넣고 에서 점수를 오른쪽 1에 끼워 넣은 후 왼쪽 값을 20으로 변경해요.

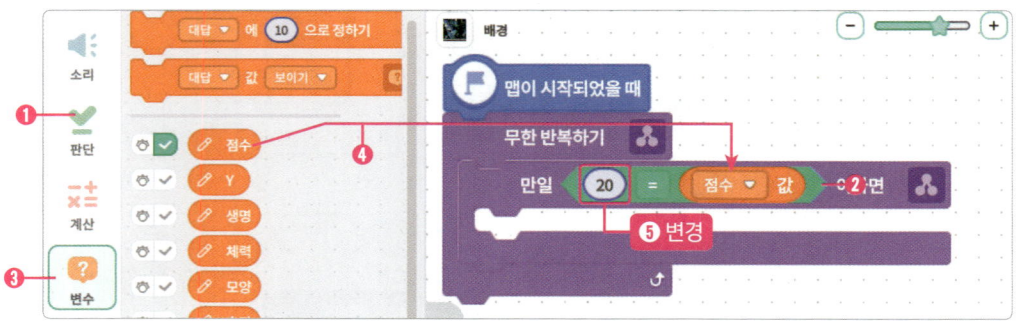

3 〈흐름〉에서 〈모든 코드 멈추기〉를 연결한 후 〈시작〉에서 〈다른 맵으로 전환〉을 연결하고 **몬스터런-2**로 변경해요.

TIP '버섯돌이'가 '음식'에 닿으면 '점수' 변수 값이 '1'만큼 증가하다가 '점수' 변수 값이 '20'이 되면 모든 코드를 멈추고 [몬스터런-2] 맵으로 전환돼요.

4 '미션 해결하기'에서 맵 전환 작업이 필요하므로 Ctrl+S를 눌러 월드를 저장해요.

TIP 다른 맵으로 전환할 때 현재 맵을 저장하지 않으면 작업한 코드가 삭제될 수 있어요.

미션 해결하기

① [몬스터런-1] 맵의 '버섯돌이' 오브젝트에서 방향키를 조종하는 코드를 복사하여 [몬스터런-2] 맵의 '버섯돌이' 오브젝트에 붙여넣고, 코드를 수정해요.

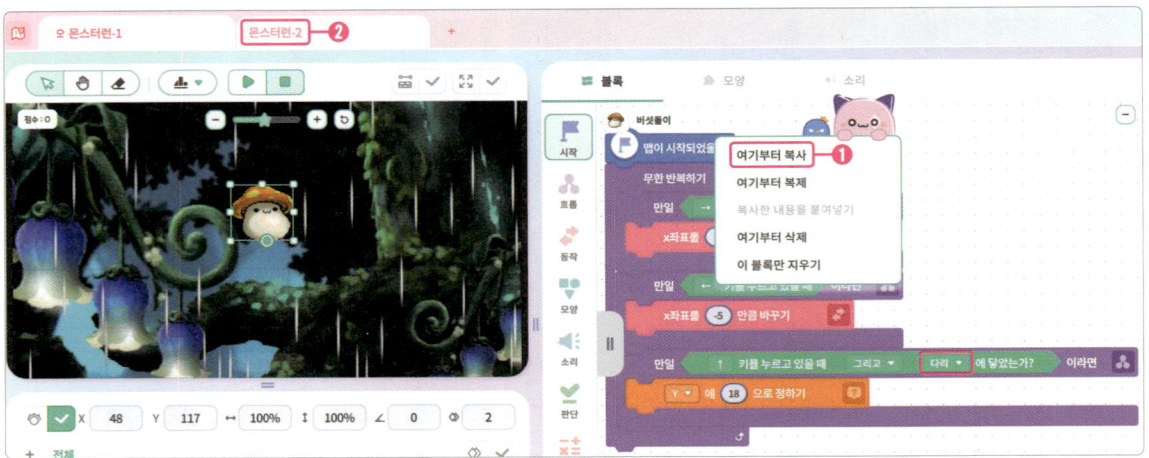

Hint
방향키 조종 코드를 [몬스터런-2]에 붙여넣은 후 '다리'를 '얼음발판'으로 변경해요.

② [몬스터런-1] 맵의 '생명1~생명3' 오브젝트의 코드를 복사하여 [몬스터런-2] 맵의 '생명1~생명3' 오브젝트에 붙여 넣어요.

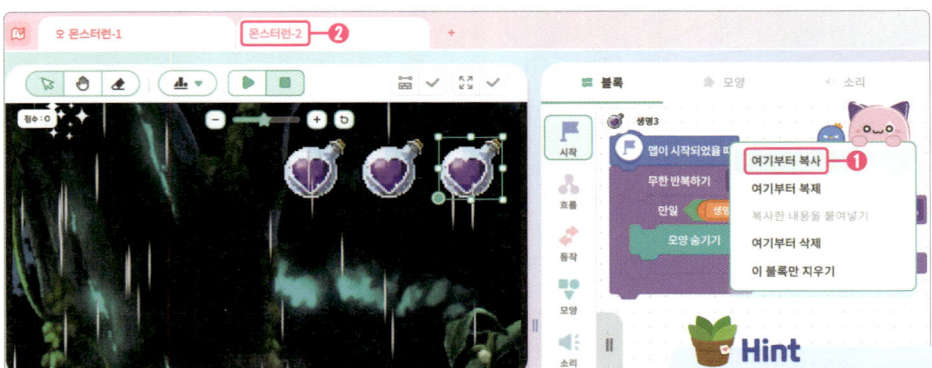

Hint
[몬스터런-1] 맵을 선택했을 때 저장 대화상자가 나오면 <예>를 클릭해요.

③ [몬스터런-1] 맵에서 시작하기(▶)를 클릭하여 플레이를 해보세요.

Hint
'트랩'을 피해 '버섯돌이'가 점프하여 '음식'에 닿으면 점수가 올라가요. 점프를 할 때 →+↑ 또는 ←+↑를 동시에 누르면 앞쪽 또는 뒤쪽으로 높게 점프할 수 있어요. [몬스터런-2] 맵에서는 '트랩' 모양을 보였다 숨기기를 반복하기 때문에 주의해서 피해야 해요.

슈퍼 마리오-1

- Space Bar 를 이용하여 '공격변수'를 '0'과 '1'로 변경할 수 있습니다.
- '사망' 신호를 받았을 때 '생명' 변수를 감소시키고 처음 위치로 이동할 수 있습니다.
- '공격변수'와 '아바타발판' 오브젝트를 이용하여 적을 물리칠 수 있습니다.

📁 **소스파일** 19차시 소스파일.mod 📁 **정답파일** 19차시 정답파일.mod

미리보기

주요 오브젝트

오브젝트	설명
아바타	• Space Bar 를 눌렀을 때 공격 상태로 변경할 수 있어요. • '사망' 신호를 받으면 생명을 '1' 감소시키고 시작 위치로 이동해요.
버섯돌이1	• '아바타'가 닿으면 '아바타'로 '사망' 신호를 보내요. • '아바타'가 점프하여 '아바타발판'에 닿으면 모양을 변경한 후 실행화면에서 숨겨요.
아바타발판	맵이 시작되면 '아바타' 발 위치로 이동해 항상 같이 움직여요.
보호막	'약물' 아이템을 얻으면 '아바타' 위치로 이동하여 5초 동안 보호막을 만들어 줘요.
별1	'아바타'에 닿으면 위로 올라갔다가 내려오면서 모양을 숨기고 점수를 증가시켜요.

Step 01 | Space Bar 를 이용하여 '공격변수' 변경하기

1 19차시 소스 파일을 불러와 월드 이름(19차시)을 입력한 후 <확인>을 클릭해요.

2 실행화면 또는 오브젝트 목록에서 **아바타**를 선택하고  에서  을 드래그한 후  에서  을 연결해요.

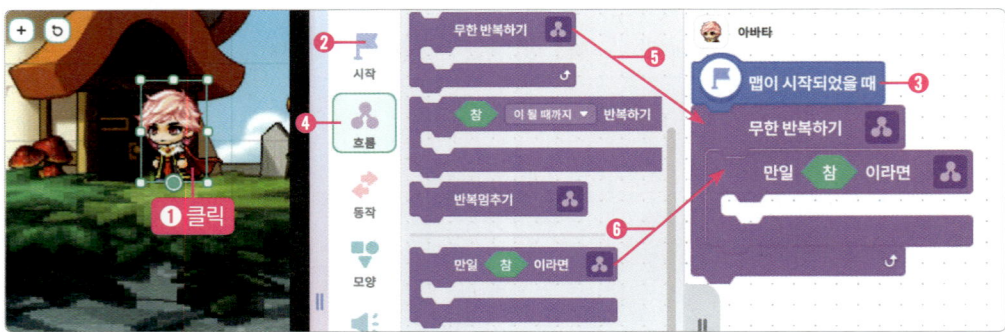

3 에서 Backspace 키를 누르고있을 때 를 참에 끼워 넣고 **Space**로 변경한 후 에서 대답에 10으로 정하기 2개를 안쪽에 연결해요.

4 에서 10 초 기다린다 를 가운데 사이에 끼워 넣어 초를 1로 변경한 후 위쪽 변수는 **공격변수, 1** 아래쪽 변수는 **공격변수, 0**으로 변경해요.

TIP Space Bar 를 누르면 공격변수를 '1'로 정한 후 1초 뒤에 '0'으로 정해요. Space Bar 를 눌러 아바타가 점프할 때는 공격모드(공격변수=1)이고, 땅에 착지하면 공격모드가 해제(공격변수=0)돼요.

Step 02 '사망' 신호를 받았을 때 코드 작성하기

1 에서 임의의 신호를 받았을 때 을 드래그하여 **사망**으로 변경한 후 모양 에서 모양 숨기기 를 연결해요.

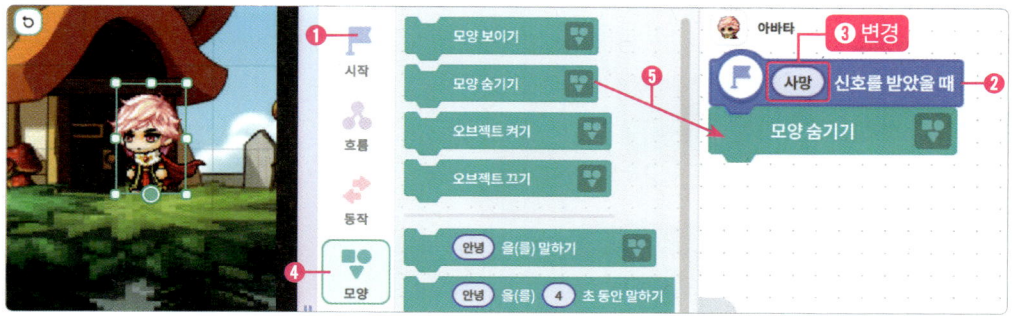

TIP 플레이 도중에 '아바타'가 '버섯돌이'에 닿으면 '사망' 신호를 받아요.

2 변수 에서 대답에 10 만큼 더하기 와 동작 에서 x: 10 y: 10 좌표로 이동하기 를 연결한 후 **변수(생명, -1)** 와 **좌표(x : 57, y : 0)**를 변경해요.

TIP '사망' 신호를 받으면 생명 변수가 '1' 감소되고 실행화면 왼쪽 시작 위치로 이동해요.

3 흐름 에서 10 초 기다린다 와 시작 에서 신호 신호 보내기 를 연결한 후 **초(1)**와 **신호(재시작)**를 각각 변경해요. 이어서, 모양 에서 모양 보이기 를 연결해요.

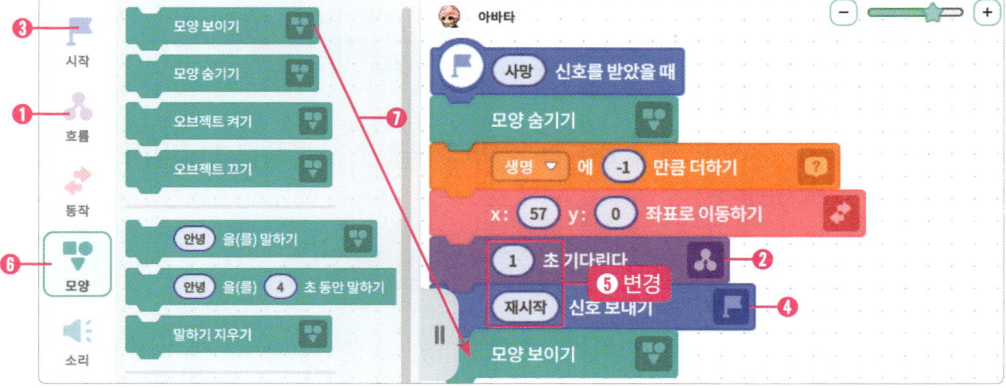

TIP '아바타'가 시작 위치로 이동할 때 '재시작' 신호를 보낸 후 실행화면에 나타나요.

레벨Up '사망' 신호

'버섯돌이' 오브젝트에 '아바타'가 닿으면 '사망' 신호를 보내요. 이 신호를 받은 '아바타'는 '생명' 변수를 '1' 줄이고, 처음 위치로 이동해요.

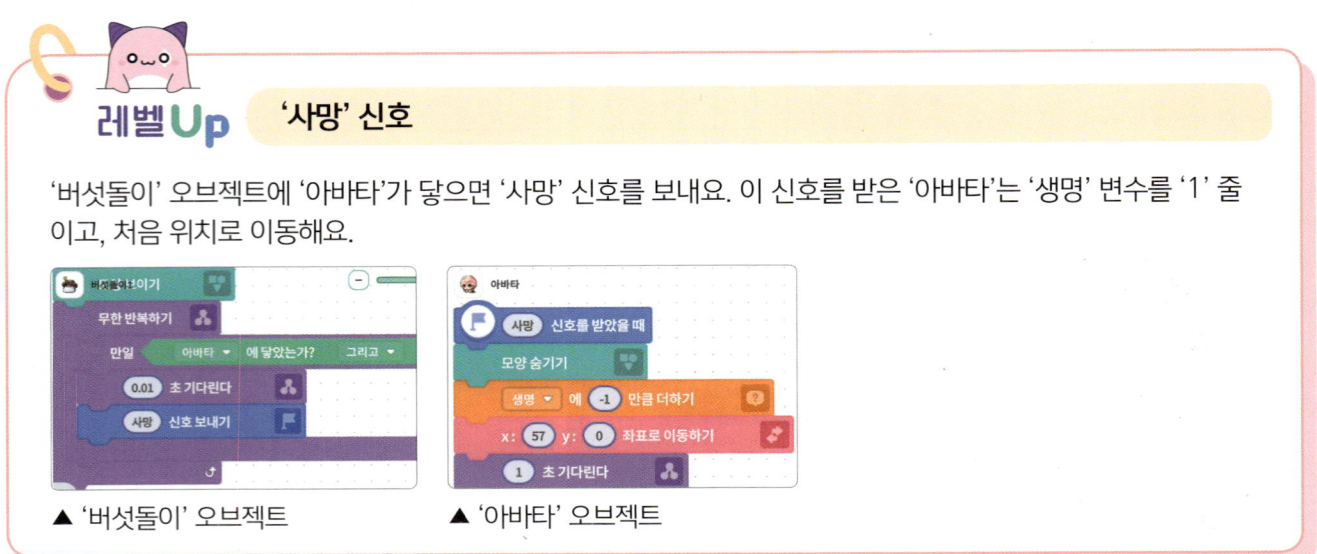

▲ '버섯돌이' 오브젝트   ▲ '아바타' 오브젝트

Step 03 '공격변수'를 이용하여 적을 물리치기

1 실행화면 또는 오브젝트 목록에서 **버섯돌이1**을 선택하여 아래 그림과 같이  블록이 포함된 코드가 보이도록 맞춰준 후 호름에서 만일 참 이라면 을 아래쪽에 연결해요.

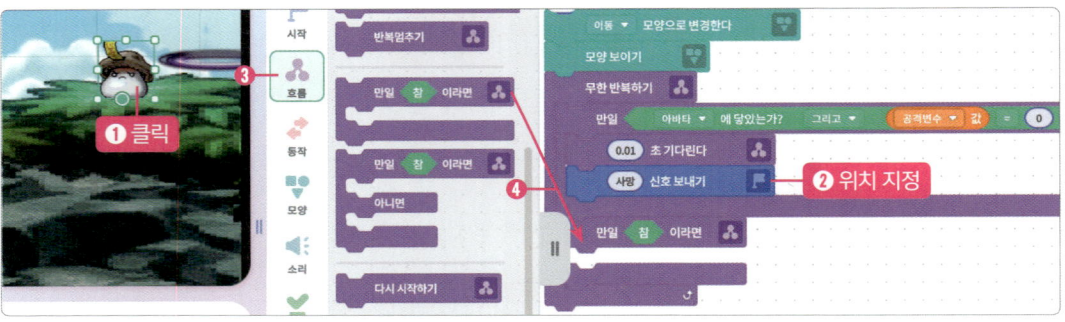

2 판단에서 참 그리고 참 2개를 드래그해요. 왼쪽 블록을 오른쪽 블록 **참**에 끼워 연결한 후 오른쪽 그리고를 **또는**으로 변경해요.

3 마우스포인터 에 닿았는가? 를 **왼쪽**과 **오른쪽 참**에 끼워 넣고 왼쪽은 **아바타발판**, 오른쪽은 **보호막**으로 변경하고, 1 = 1 를 **가운데 참**에 끼워 넣어요.

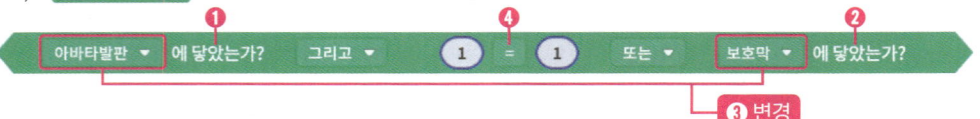

4 변수에서 공격변수 를 1에 끼워 넣어요.

5 연결된 블록의 왼쪽 끝을 드래그하여 **참**에 끼워 넣어요.

6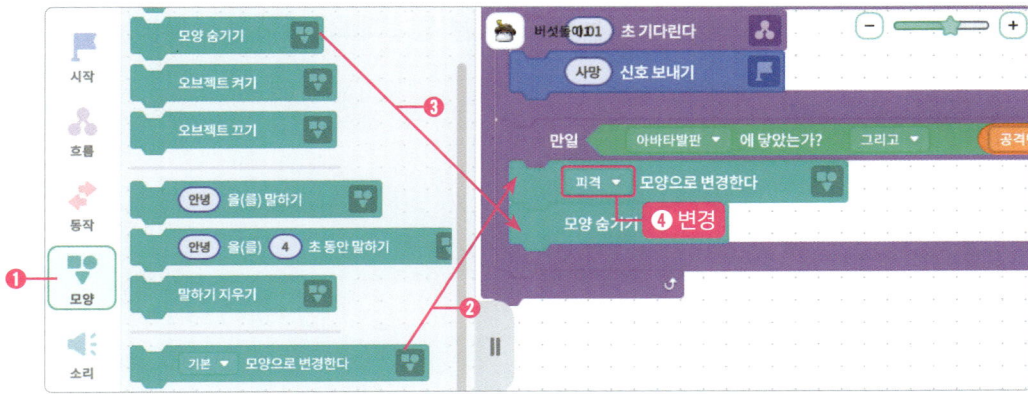

에서 `기본 모양으로 변경한다` 와 `모양 숨기기` 를 연결한 후 모양을 **피격**으로 변경해요.

7 에서 `10 초 기다린다` 를 가운데 사이에 끼워 넣은 후 **0.5**로 변경해요.

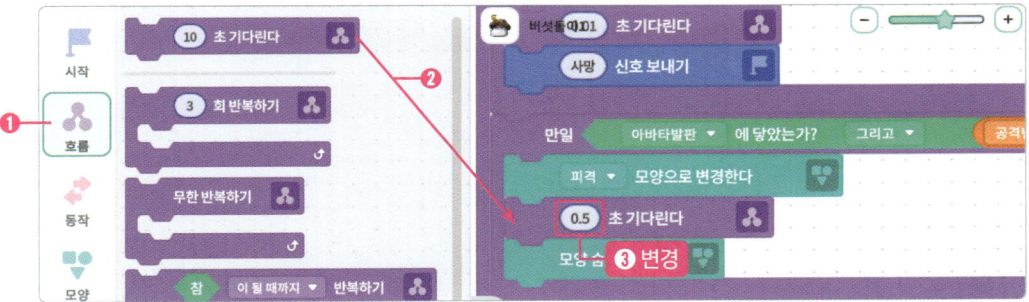

TIP '버섯돌이'가 공격변수가 '1'인 상태(즉, 아바타가 점프 중일 때)에 '아바타발판'에 닿거나, 아이템으로 얻은 '보호막'에 닿으면 '피격' 모양으로 바뀌었다가, 잠시 후 화면에서 사라져요.

8 위에서 마우스 오른쪽 버튼을 눌러 **[여기부터 복사]**를 클릭해요.

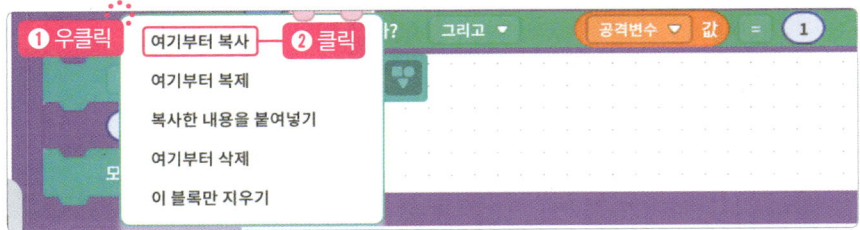

9 실행화면 또는 오브젝트 목록에서 **버섯돌이2**를 선택한 후 마우스 오른쪽 버튼을 눌러 [**복사한 내용을 붙여넣기**]를 클릭해요.

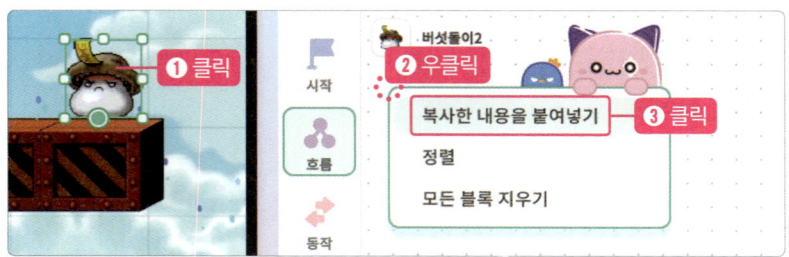

10 복사된 코드를 드래그하여 `사망 신호보내기` 블록이 포함된 `만일 참 이라면` 아래에 연결해요. 똑같은 방법으로 **버섯돌이3**에도 복사한 코드를 붙여 넣은 후 블록을 연결해요. 이어서, **시작하기(▶)**를 클릭하여 작성한 코드를 테스트해 보세요.

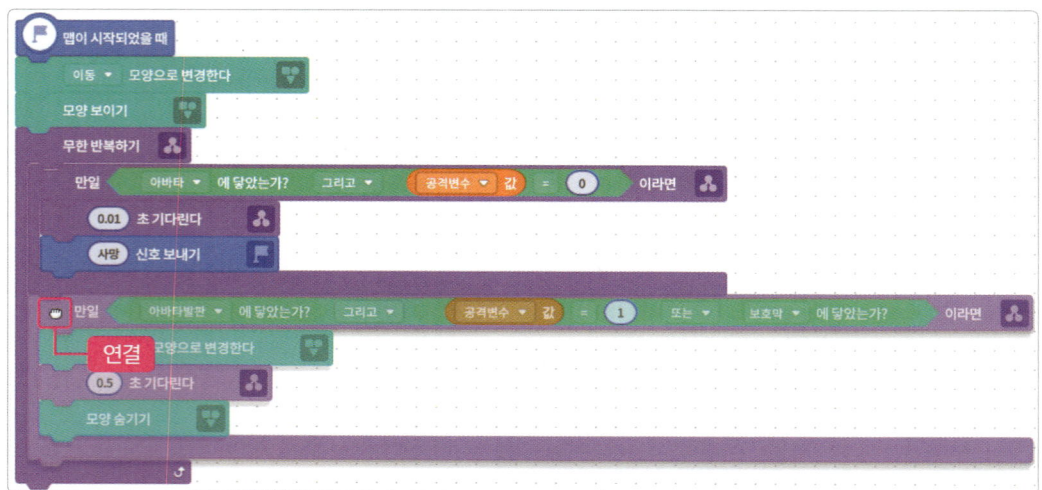

레벨Up '버섯돌이' 오브젝트 코드 분석

❶ **사망 신호 보내기** : 공격이 아닌 이동 중에 '아바타'가 '버섯돌이'에 닿으면 '버섯돌이' 오브젝트가 '아바타'에게 '사망' 신호를 보내요.

❷ **아바타 공격-1(점프)** : '아바타'가 점프를 하여 '아바타발판'에 '버섯돌이'가 닿으면 '피격' 모양으로 변경하고 실행화면에서 모양을 숨겨요. '아바타발판' 오브젝트는 맵이 시작되면 '아바타' 아래쪽 위치로 이동하여 계속 붙어있어요.

❸ **아바타 공격-2(보호막)** : '아바타'가 '약물' 아이템을 얻어 '보호막'이 생겼을 경우 '버섯돌이'가 '보호막'에 닿으면 '피격' 모양으로 변경하고 실행화면에서 모양을 숨겨요.

❹ **아바타 공격변수 변경(0, 1)** : [Space Bar]를 누르면 점프와 동시에 '공격변수'를 '1'로 정했다가 1초 후에 '공격변수'를 '0'으로 정해요.

▲ 아바타 공격   ▲ 아바타 사망

미션 해결하기

① '별1' 오브젝트가 '아바타'에 닿으면 0.2초 동안 위로 올라갔다가 다시 내려오게 코드를 작성해 보세요.

Hint
지정된 시간 동안 x 좌표와 y 좌표를 변경하는 명령 블록은 `10 초동안 x: 10 y: 10 만큼 움직이기` 으로  에 있어요.
x좌표는 '0'으로 고정하고 y좌표만 '200'만큼 올라갔다가 다시 '-200'만큼 내려오도록 블록 2개를 연결해서 사용해요.

② '별1' 오브젝트가 '아바타'에 닿으면 위로 올라갔다가 내려온 후 모양을 숨기고 '점수' 변수에 '1'만큼 더하도록 코드를 추가해 보세요.

③ 완성된 코드를 복사하여 '별2~별7' 오브젝트에 붙여 넣어요.

④ 시작하기(▶)를 클릭하여 플레이를 해보세요.

Hint
`Space Bar`를 눌러 '아바타'가 점프했을 때 '버섯돌이'에 닿으면 '버섯돌이'가 사라지고, '동전'에 닿으면 위로 올라갔다가 다시 내려오며 사라지는지 확인해 보세요. 또한 2층에 있는 아이템 상자를 활용해 '약물'을 구해보세요.

슈퍼 마리오 - 2

- '보물상자2' 오브젝트를 클릭했을 때 무기 획득을 변수로 지정하고 맵을 전환시킵니다.
- 특정 키를 눌렀을 때 지정된 반복 횟수만큼 무기를 이동시킬 수 있습니다.
- '대왕버섯' 오브젝트가 왼쪽과 오른쪽을 반복하여 이동하면서 점프할 수 있습니다.

📁 소스파일 20차시 소스파일.mod   📁 정답파일 20차시 정답파일.mod

주요 오브젝트

오브젝트	설명
보물상자2	• [map02] 맵에서 오브젝트를 클릭하면 모양을 변경하고 말을 해요. • '무기획득' 변수를 '1'로 정한 후 [map03] 맵으로 전환해요.
달걀	무기를 획득했을 경우 F 를 누르면 지정된 횟수만큼 반복하여 오른쪽으로 이동해요.
뱀1	• '아바타'가 닿으면 '아바타'로 '사망' 신호를 보내요. • '아바타발판' 또는 '달걀'에 닿으면 모양을 변경한 후 실행화면에서 숨겨요.
대왕버섯	• 왼쪽과 오른쪽을 반복하여 이동하면서 계속 점프해요. • '아바타'에 닿으면 '아바타'로 '사망' 신호를 보내요.
로프	'아바타'에 닿으면 '미션완료' 신호를 보내고 모든 코드를 멈춰요.

Step 01 [map02] 맵의 '보물상자2' 오브젝트 코드 작성하기

1 20차시 소스 파일을 불러와 월드 이름(20차시)을 입력한 후 <확인>을 클릭해요.

2 [map02] 맵의 실행화면 또는 오브젝트 목록에서 **보물상자2**를 선택해요. 시작에서 `오브젝트를 클릭했을 때`를 드래그한 후 흐름에서 `모든 ▼ 코드 멈추기`를 연결하고 **다른 오브젝트의**로 변경해요.

3 모양에서 `기본 ▼ 모양으로 변경한다`와 `안녕 을(를) 4 초 동안 말하기` 2개를 연결한 후 모양(**무기**)과 내용을 변경해요.

- 첫 번째 내용 : 축하해! 무기를 얻었어.
- 두 번째 내용 : F를 누르면 무기가 발사되고 1번만 사용할 수 있어.

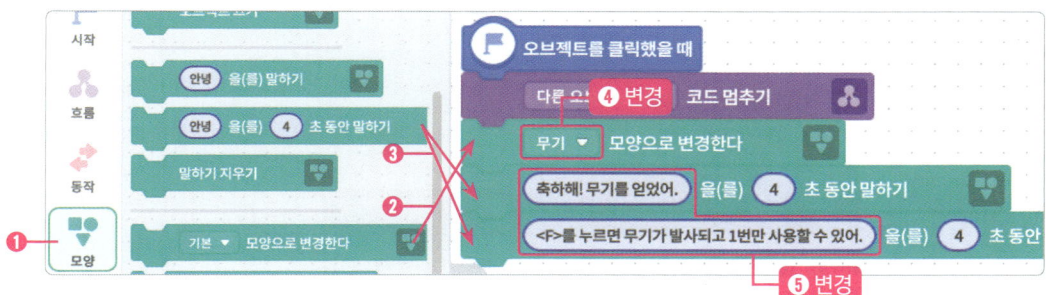

4 변수에서 `대답 에 10 으로 정하기`를 연결하여 **무기획득**과 **1**로 변경한 후 시작에서 `다른 ▼ 맵으로 전환`을 연결하고 **map03**으로 변경해요. 이어서, Ctrl+S를 눌러 월드를 저장해요.

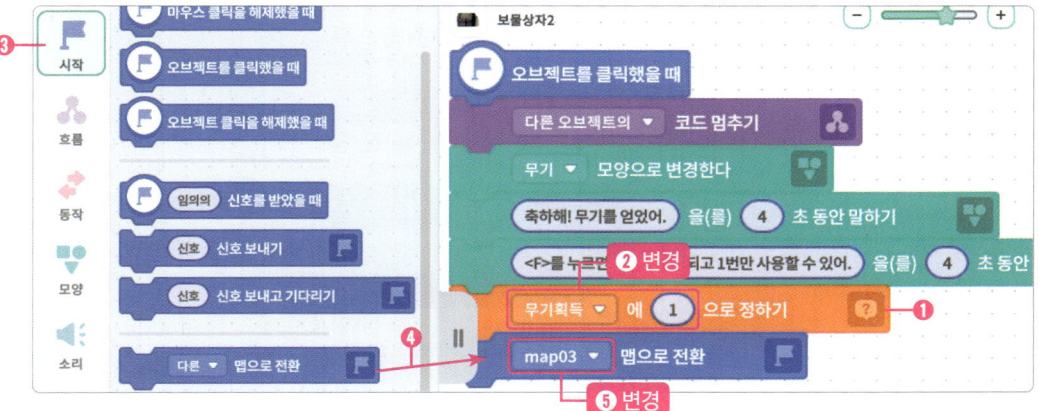

TIP 해당 오브젝트를 클릭하면 '무기' 모양으로 변경하고 말을 하며, 무기를 획득했기 때문에 '무기획득' 변수를 '1'로 정한 후 [map03] 맵으로 전환해요.

[map03] 맵의 '달걀' 오브젝트(무기) 코드 작성하기

1 [map03] 맵의 실행화면 또는 오브젝트 목록에서 **달걀**을 선택한 후 시작에서 맵이 시작되었을 때 를 드래그해요. 이어서, 흐름에서 무한 반복하기 와 만일 참 이라면 을 연결해요.

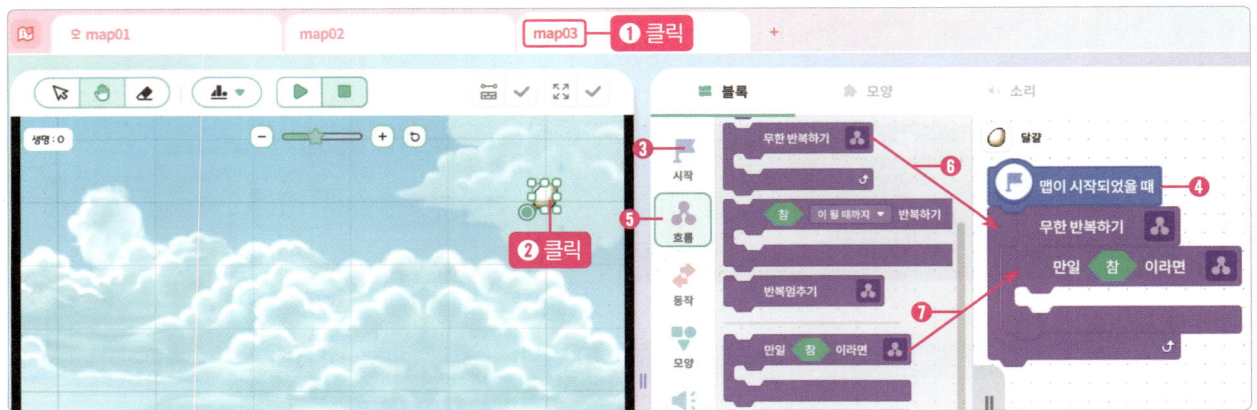

TIP 만약 [map03] 맵을 선택했을 때 저장 대화상자가 나오면 <예>를 클릭해요.

2 판단에서 1 = 1 를 참에 끼워 넣은 후 변수에서 무기획득 을 1에 끼워 넣어요.

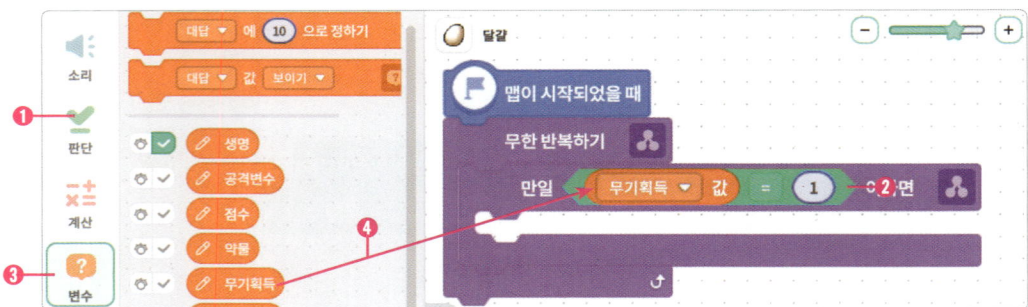

3 동작에서 자신 위치로 이동하기 를 안쪽에 연결한 후 **아바타**로 변경해요.

TIP [map02] 맵에서 무기를 얻으면 '무기획득' 변수의 값이 '1'이 되고, [map03] 맵에서는 이 값이 1일 때 무기로 사용하는 '달걀' 오브젝트가 '아바타' 위치로 이동해요.

4 〈호름〉에서 `만일 참 이라면` 과 `3 회 반복하기` 를 연결한 후 〈판단〉에서 `Backspace▼ 키를 누르고있을 때` 를 참에 끼워 넣어요. 이어서, 반복 횟수를 **100**, 키를 **F**로 변경해요.

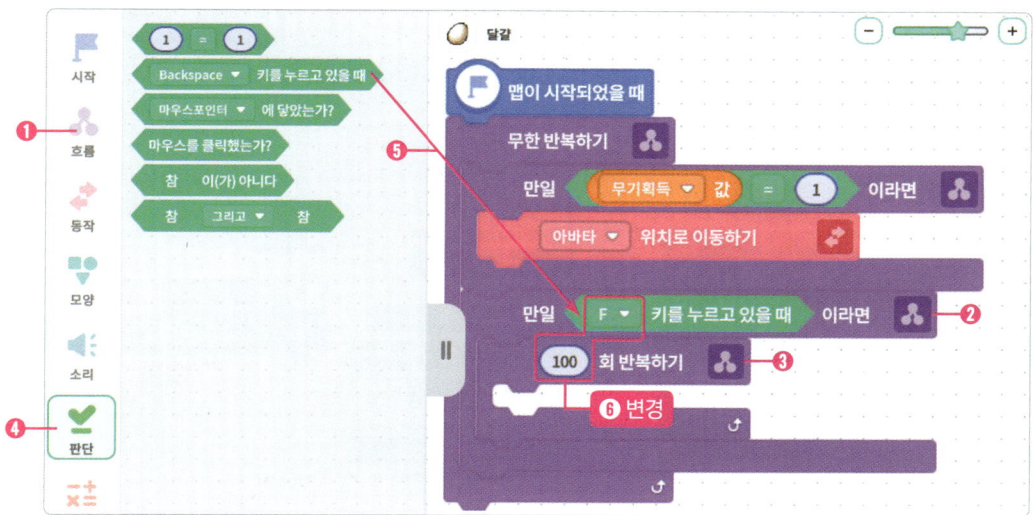

5 〈동작〉에서 `x좌표를 10 만큼 바꾸기` 를 반복하기 안쪽에 연결하고 〈모양〉에서 `모양 숨기기` 와 〈호름〉에서 `모든▼ 코드 멈추기` 를 반복하기 아래쪽에 연결한 후 **이**로 변경해요.

6 `Ctrl`+`S`를 눌러 월드를 저장하고 [map02] 맵을 선택한 후 **시작하기(▶)**를 클릭하여 작성한 코드를 테스트해 보세요.

레벨Up '달걀' 오브젝트 코드 분석

[map03] 맵에서 `F`를 누르면, '아바타' 위치에 있던 '달걀'이 x좌표를 기준으로 오른쪽으로 10만큼씩 100번 이동한 후 모양을 숨기고, 코드 실행도 멈춰요. 이동하는 동안 '달걀'이 '뱀1~뱀3' 오브젝트에 닿으면 해당 뱀은 '피격' 모양으로 바뀌고 실행화면에서 사라져요.

Step 03 [map03] 맵의 '대왕버섯' 오브젝트 코드 작성하기

1 [map03] 맵의 실행화면 또는 오브젝트 목록에서 **대왕버섯**을 선택한 후 시작에서 맵이 시작되었을 때 를 드래그 해요. 이어서, 모양에서 기본 ▼ 모양으로 변경한다 를 연결한 후 **공격**으로 변경해요.

2 흐름에서 무한 반복하기 와 3 회 반복하기 를 연결한 후 반복 횟수를 7로 변경해요.

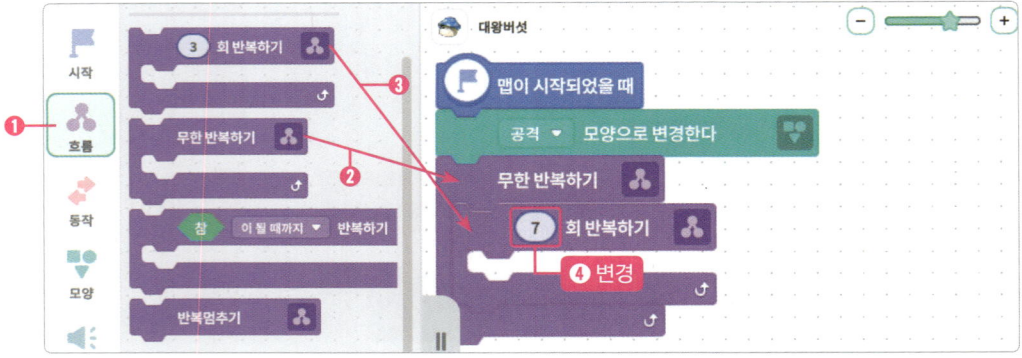

3 동작에서 10 초 동안 x: 10 y: 10 만큼 움직이기 2개를 안쪽에 연결한 후 위쪽 x-y 좌표는 **-100, 450**으로 아래쪽 x-y 좌표는 **-100, -450**으로 변경해요.

TIP 맵이 시작되면 '대왕버섯'은 공격 모양으로 바뀌고, 왼쪽으로 점프하며 7번 이동해요.

4 계산에서 `1 부터 1 사이의 무작위 수`를 위-아래 10에 각각 끼워 넣은 후 무작위 수를 0.7과 0.8로 변경해요.

TIP 무작위 수를 사용해, 점프할 때마다 속도가 0.7초에서 0.8초 사이로 조금씩 달라져요.

5 `7 회 반복하기` 위에서 마우스 오른쪽 버튼을 눌러 [여기부터 복제]를 클릭한 후 복제된 코드를 아래쪽에 연결해요. 이어서, x좌표 값을 위-아래 모두 100으로 변경해요.

TIP '대왕버섯'이 오른쪽으로도 7번 점프하여 이동할 수 있도록 복제된 코드에서 x좌표 값을 양수로 변경해요.

미션 해결하기

① [map03] 맵의 '로프' 오브젝트 끝에 '깃발2' 오브젝트를 추가한 후 크기와 위치를 변경해 보세요.

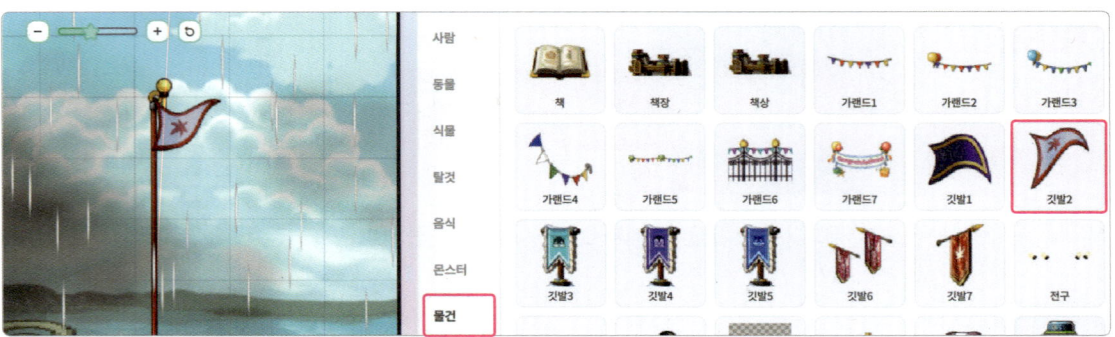

 **Hint**
[오브젝트 추가하기]-[오브젝트 추가하기]-[물건]-'깃발2'

② [map03] 맵의 '로프' 오브젝트에 '아바타'가 닿으면 '미션완료' 신호를 보내고 1초 뒤에 모든 코드를 멈추도록 코드를 작성해 보세요.

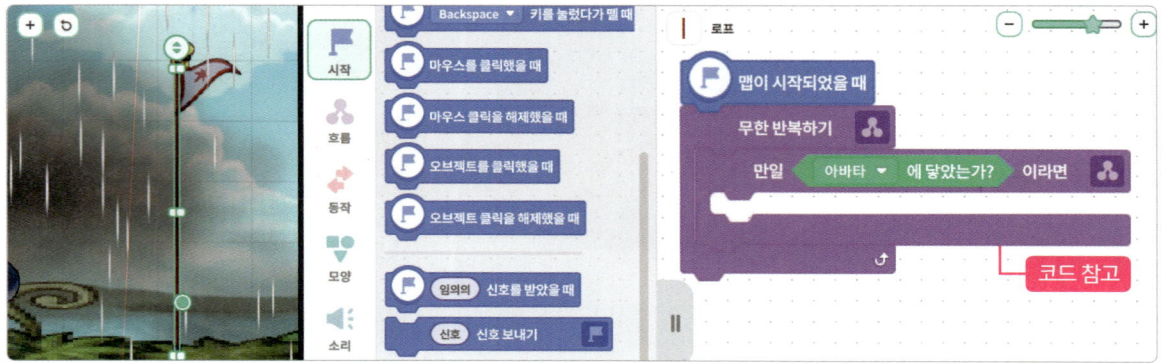

③ Ctrl+S를 눌러 월드를 저장한 후 [map01] 맵에서 시작하기(▶)를 클릭하여 플레이를 해보세요.

 **Hint**
❶ [map01] : Space Bar를 눌러 '아바타'가 점프하여 '버섯돌이'를 공격할 수 있으며, '약물' 아이템을 얻으면 '보호막'이 생겨요. 플레이 도중 '점프 발판' 옆에 있는 파이프 위에서 ↓를 누르면 '보물 상자'가 있는 새로운 맵으로 전환돼요.
❷ [map02] : 3개의 보물상자(꽝, 생명, 무기) 중에서 원하는 것을 클릭하면 숨겨져 있는 아이템을 얻을 수 있어요.
❸ [map03] : Space Bar를 눌러 '아바타'가 점프하여 '뱀'을 공격할 수 있으며, 만약 무기를 얻었다면 F를 눌러 '뱀'을 공격할 수 있어요. 깃발 근처에 있는 '대왕몬스터'의 공격을 피해 '아바타'가 깃발에 닿으면 플레이가 종료돼요.

몬스터 지구 침공 - 1

- 변수를 이용하여 지정된 x-y 좌표 위치로 복제본을 생성할 수 있습니다.
- 가로 및 세로 방향으로 일정한 간격을 두고 복제본을 생성할 수 있습니다.
- 복제본에 특정 오브젝트가 닿았을 경우 해당 복제본을 삭제할 수 있습니다.

📁 **소스파일** 21차시 소스파일.mod   📁 **정답파일** 21차시 정답파일.mod

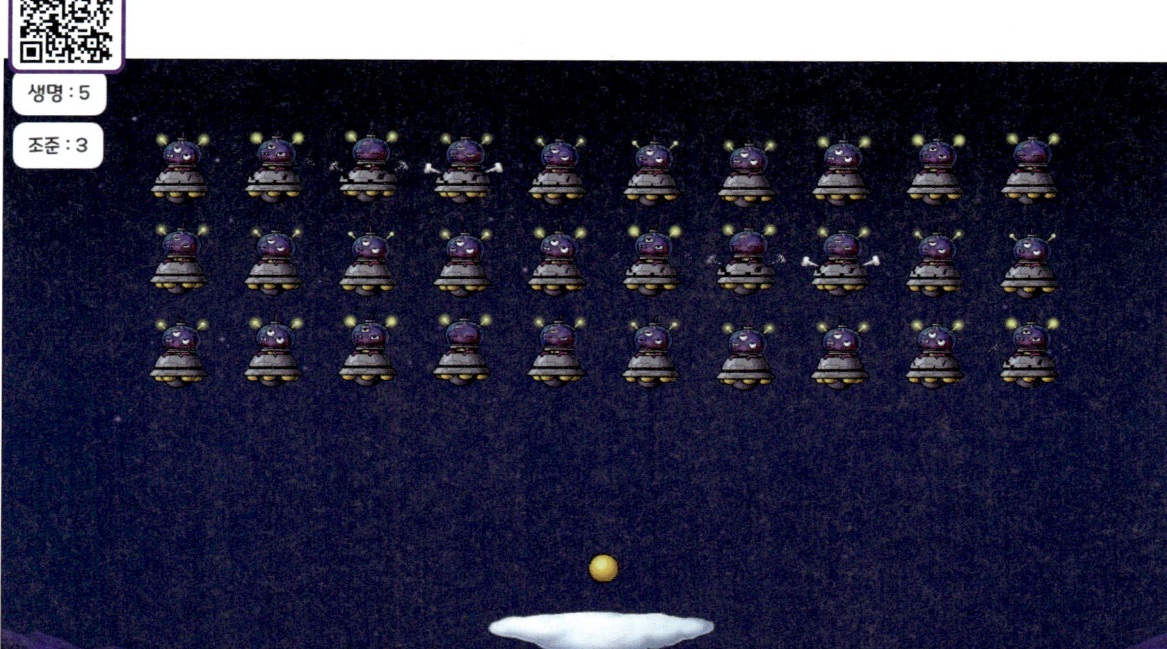

오브젝트	설명
몬스터	• 지정된 x-y 좌표 위치로 복제본을 만들어요. • 가로와 세로로 정렬된 총 30개의 복제본을 만들어요. • '공' 또는 '별'에 닿으면 남은개수를 '1' 감소시키고 해당 복제복을 삭제해요.
구름	• '게임시작' 신호를 받으면 지정된 x-y 좌표 위치로 이동해요. • 좌-우 방향키를 눌러 왼쪽과 오른쪽으로 이동할 수 있어요.
배경	• 맵이 시작되면 '생명'과 '조준' 변수 값을 초기화해요. • '생명' 변수 값이 '0'이면 '게임오버' 신호를 보내요.

일정한 간격으로 '몬스터' 복제하기

1. **21차시 소스 파일**을 불러와 월드 이름(21차시)을 입력한 후 <확인>을 클릭해요.

2. 실행화면 또는 오브젝트 목록에서 **몬스터**를 선택하고 시작에서 맵이 시작되었을 때를 드래그해요.

3. 변수에서 대답에 10으로 정하기 2개를 연결한 후 위쪽 변수는 **몬스터x좌표, -900** 아래쪽 변수는 **몬스터y좌표, 700**으로 변경해요.

4. 흐름에서 3회 반복하기와 자신 복제하기를 연결한 후 반복 횟수를 10으로 변경해요.

TIP 변수로 지정한 -900(x좌표), 700(y좌표) 위치를 기준으로 '몬스터' 자신을 10번 반복해서 복제해요.

5. 몬스터x좌표에 -900으로 정하기 위에서 마우스 오른쪽 버튼을 눌러 **[여기부터 복제]**를 클릭한 후 복제된 코드를 아래쪽에 연결해요. 이어서, 몬스터y좌표 변수 값을 **500**으로 변경해요.

6 똑같은 방법으로 코드를 복제하여 맨 아래쪽에 붙여넣은 후 몬스터y좌표 변수 값을 **300**으로 변경해요. 이어서, 시작 에서 신호 신호 보내기 를 연결한 후 **게임시작**으로 변경해요.

TIP '몬스터y좌표'를 700, 500, 300으로 바꿔가며 '몬스터'를 각각 10번씩 복제해요. 총 30개의 몬스터가 만들어지면, 마지막에 '게임시작' 신호를 보내요.

7 복제본을 만들기 위해 시작 에서 복제본이 처음 생성되었을 때 를 드래그한 후 동작 에서 x: 10 y: 10 좌표로 이동하기 를 연결해요.

TIP 자신의 복제본을 만들기 위해서는 '복제본이 처음 생성되었을 때' 블록을 함께 사용해야 해요.

8 변수 에서 몬스터x좌표 와 몬스터y좌표 를 x와 y값 사이에 끼워 넣은 후 대답 에 10 만큼 더하기 를 연결하고 **몬스터x좌표**와 **200**으로 변경해요. 이어서, **시작하기(▶)**를 클릭하여 작성한 코드를 테스트해 보세요.

TIP 1줄에 10개씩 총 3줄로 30개의 '몬스터'가 복제되는지 확인해 보세요.

 **일정한 간격으로 복제본 만들기**

❶ **첫 번째 줄 복제** : '몬스터x좌표(-900)'와 '몬스터y좌표(700)' 위치에서 '몬스터'를 10번 복제해요. 한 번 복제할 때마다 x좌표를 200만큼 오른쪽으로 옮기면서 일정한 간격으로 나란히 배치돼요.

❷ **두 번째 줄 복제** : '몬스터y좌표' 값을 500으로 바꾸고, 첫 번째 줄 바로 아래에 '몬스터'를 10번 복제해요. 이번에도 x좌표를 200씩 더해가며 일정한 간격으로 나란히 배치돼요.

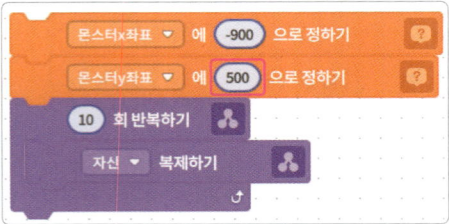

❸ **세 번째 줄 복제** : '몬스터y좌표' 값을 300으로 바꾸고, 두 번째 줄 아래에 '몬스터'를 10번 복제해요. 복제가 끝나면 '게임시작' 신호를 보내요.

▲ 1줄에 10개씩, 총 30개의 '몬스터' 복제본을 생성

Step 02 '몬스터' 복제본 삭제하기

1 시작에서 복제본이 처음 생성되었을 때 를 드래그한 후 흐름에서 무한 반복하기 와 만일 참 이라면 을 연결해요.

2 판단에서 참 그리고 참 을 참에 끼워 넣고 또는으로 변경한 후 마우스포인터 에 닿았는가? 를 양쪽에 참에 끼워 넣고 공과 별로 변경해요.

3 변수에서 대답 에 10 만큼 더하기 를 안쪽에 연결하여 남은개수와 -1로 변경한 후 모양에서 기본 모양으로 변경한다 를 연결하고 죽음으로 변경해요.

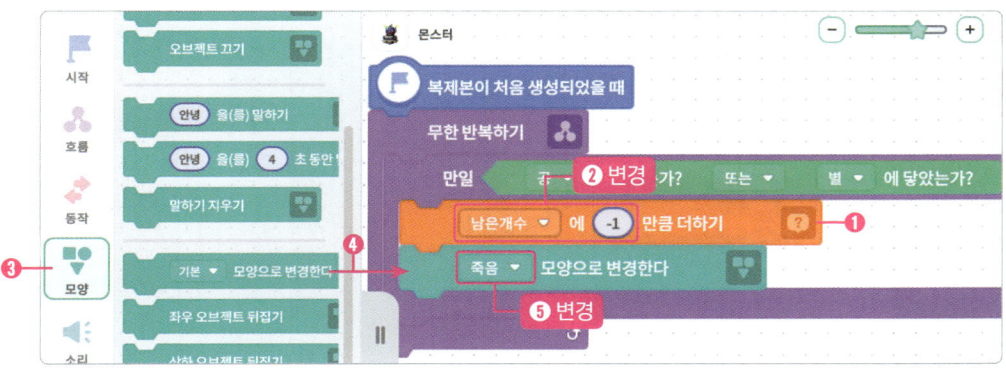

4 흐름에서 10 초 기다린다 와 이 복제본 삭제하기 를 연결한 후 초를 2로 변경해요.

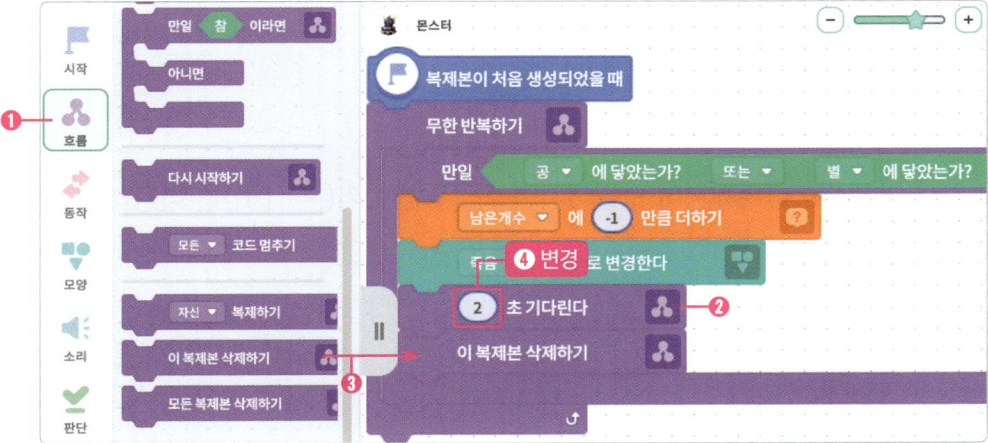

TIP 복제된 '몬스터'가 '공' 또는 '별' 오브젝트에 닿으면 남은개수를 '1'씩 감소시키고 모양을 변경한 후 해당 복제본을 삭제해요.

미션 해결하기

① '게임시작' 신호를 받으면 '구름' 오브젝트가 지정된 x-y 좌표로 이동하도록 코드를 작성해 보세요.

Hint
'구름'이 '게임시작' 신호를 받으면 x 좌표는 0, y 좌표는 -300 위치로 이동해요.

② 왼쪽 방향키를 누르면 x좌표를 '-7'만큼, 오른쪽 방향키를 누르면 x좌표를 '7'만큼 이동하도록 아래쪽에 코드를 추가해 보세요.

Hint
'무한 반복'과 '만일 ~라면' 블록을 조합하여 코드를 작성하세요.

③ 시작하기()를 눌러 30개의 '몬스터' 복제본이 만들어지면 좌-우 방향키()를 이용하여 '구름' 오브젝트를 조종해 보세요.

Hint
30개의 '몬스터' 복제본이 모두 만들어지면 '게임시작' 신호를 '구름' 오브젝트로 보내요. 신호를 받은 '구름'은 좌-우 방향키(←, →)로 이동할 수 있어요.

Challenge 22
몬스터 지구 침공-2

- 변수를 이용하여 공을 위-아래로 이동시킬 수 있습니다.
- 변수를 이용하여 공의 좌-우 방향을 변경할 수 있습니다.
- '공'을 '구름' 위치로 이동시켜 원하는 목표물을 조준하여 맞출 수 있습니다.

📁 **소스파일** 22차시 소스파일.mod   📁 **정답파일** 22차시 정답파일.mod

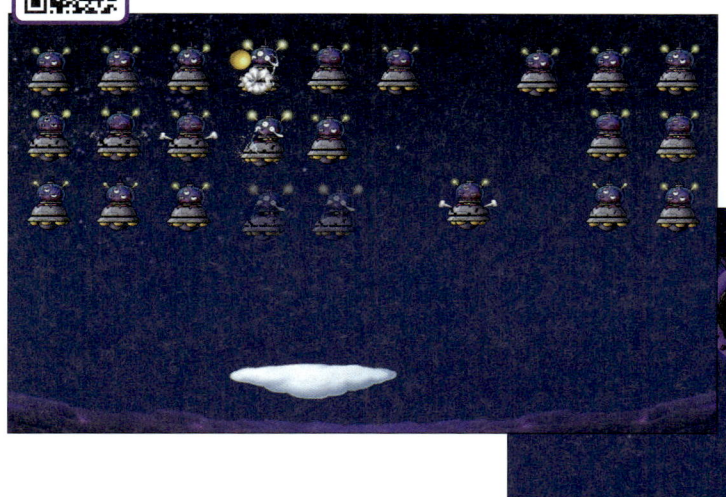

주요 오브젝트

오브젝트	설명
배경	'남은개수' 변수 값을 '30'으로 정한 후 '몬스터' 개수가 '0'이 되면 '대장' 몬스터에게 신호를 보내요.
공	• 좌-우 방향을 변경하여 위-아래로 이동시킬 수 있습니다. • Space Bar 를 이용하여 목표물을 조준하여 맞출 수 있습니다.
블랙홀	• '몬스터'의 남은 개수가 '5'이면 무작위 위치로 이동하여 나타납니다. • '공'에 닿으면 '별'로 신호를 보냅니다.
별	'별' 신호를 받으면 '공' 위치로 10초 동안 이동한 후 모양을 숨깁니다.
대장	• '대장' 체력은 '100'이며, '공'에 닿을 때마다 '-10'만큼 체력이 감소합니다. • 좌-우로 계속 이동하다가 '5~10'초 사이에 공격합니다.

Step 01 '공' 오브젝트의 좌-우 방향을 변경하여 위-아래로 이동시키기

1 **22차시 소스 파일**을 불러와 월드 이름(22차시)을 입력한 후 <확인>을 클릭해요.

2 실행화면 또는 오브젝트 목록에서 **공**을 선택하고 에서 임의의 신호를 받았을 때 를 연결한 후 **게임시작**으로 변경해요. 이어서, 에서 x: 10 y: 10 좌표로 이동하기 를 연결한 후 x는 **0**, y는 **-150**으로 변경해요.

TIP '몬스터'가 보낸 '게임시작' 신호를 받으면 지정된 x-y 좌표('구름' 오브젝트 위쪽)로 이동해요.

3 에서 무한 반복하기 를 연결한 후 에서 방향을 10 만큼 회전하기 를 안쪽에 연결해요.

TIP '공' 오브젝트가 오른쪽으로 계속 회전하면서 빙글빙글 돌아가요.

4 에서 만일 참 이라면 아니면 을 연결한 후 에서 1 = 1 를 **참**에 끼워 넣어요. 이어서, 에서 공 위-아래 이동 을 1에 끼워 넣어요.

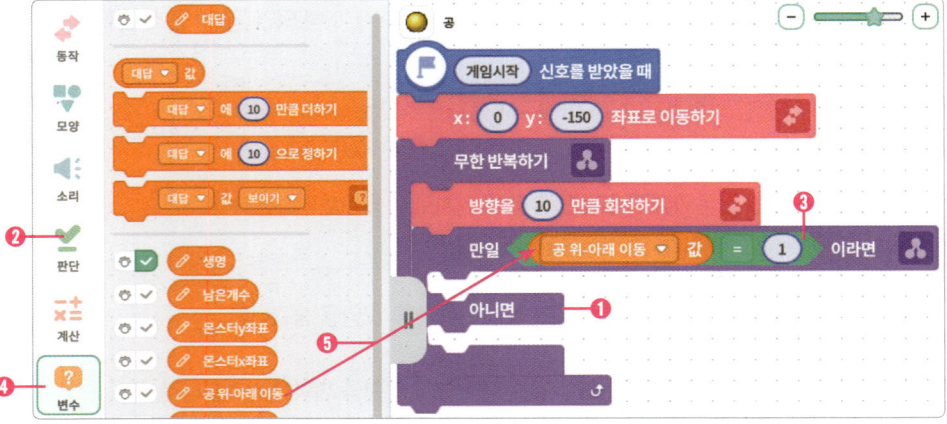

5  에서 `y좌표를 10 만큼 바꾸기` 를 **만일**과 **아니면** 사이에 각각 연결한 후 **아니면** 값을 **-10**으로 변경해요. 이어서, **시작하기(▶)**를 클릭하여 작성한 코드를 테스트해 보세요.

레벨Up '공' 오브젝트의 상-하 이동

① '공 위-아래 이동' 변수 값이 '1'이면 '공'은 위로 이동하며, 변수 값이 '1'이 아니면(0) '공'은 아래로 이동해요.

② '공'이 아래쪽에 있는 '구름' 오브젝트에 닿으면, 공이 위로 올라가도록 '공 위-아래 이동' 변수 값을 '1'로 바꿔요.

③ '공'이 위로 올라가다 위쪽 경계(y좌표 950)에 닿으면, 아래로 내려가게 '공 위-아래 이동' 변수 값을 '0'으로 바꿔요.

▲ '구름'에 닿으면 위(1)로 이동   ▲ 위쪽 경계에 도달하면 아래(0)로 이동

6  위에서 마우스 오른쪽 버튼을 눌러 **[여기부터 복제]**를 클릭한 후 복제된 코드를 아래쪽에 연결해요.

7 복제된 블록의 변수를 **공 좌-우 이동**으로 변경한 후  블록을 모두 휴지통으로 드래그해요.

8 동작에서 `x좌표를 10 만큼 바꾸기`를 **만일**과 **아니면** 사이에 연결한 후 계산에서 `1 부터 1 사이의 무작위 수`를 위-아래 10에 끼워 넣어요.

9 **만일**은 −1, −5로 **아니면**은 1, 5로 변경한 후 **시작하기(▶)**를 클릭하여 작성한 코드를 테스트해 보세요.

레벨 Up — '공' 오브젝트의 좌-우 이동

❶ '공 좌-우 이동' 변수 값이 '1'이면 '공'은 왼쪽으로 이동하며, 변수 값이 '1'이 아니면(0) '공'은 오른쪽으로 이동해요.

❷ '공'이 '구름'에 닿거나 위쪽 경계(y좌표 950)에 닿으면, 변수 값을 '1' 또는 '0'으로 바꿔서 공이 왼쪽이나 오른쪽으로 움직이게 해요.

❸ '공'이 '구름'에 닿았을 때 오른쪽 방향키(→)를 누르면 변수 값이 '0'이 되어 '오른쪽'으로 이동해요.

❹ '공'이 '구름'에 닿았을 때 왼쪽 방향키(←)를 누르면 변수 값이 '1'이 되어 '왼쪽'으로 이동해요.

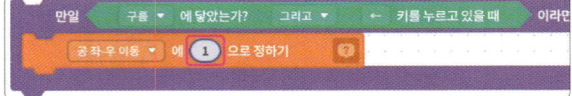

▲ '구름'에 닿고 ← 누르면 왼쪽(1)으로 이동　　▲ '구름'에 닿고 → 누르면 오른쪽(0)으로 이동

Step 02 '공'을 '구름' 위치로 이동시킨 후 조준 사격하기

1  에서 임의의 신호를 받았을 때를 연결한 후 **게임시작**으로 변경해요. 이어서, 에서 무한 반복하기를 연결하고 만일 참 이라면 2개를 안쪽에 연결해요.

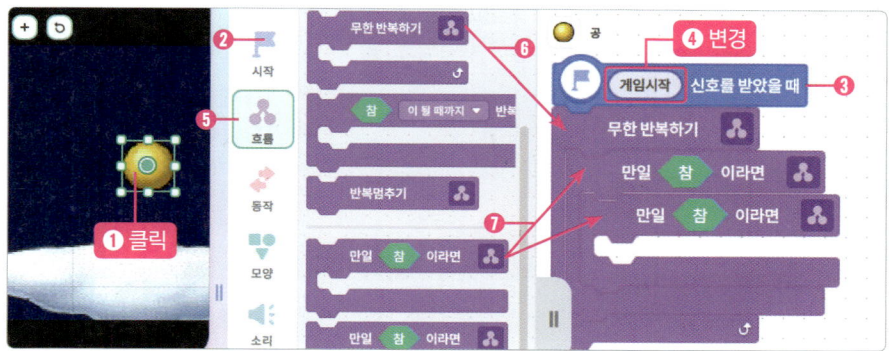

2 판단에서 1 = 1 를 위쪽 **참**에 Backspace 키를 누르고 있을 때 는 아래쪽 **참**에 끼워 넣고 **부등호(≤)**와 **키(Space)**를 변경해요.

3 변수에서 조준을 오른쪽 1에 끼워 넣은 후 왼쪽 1을 0으로 변경해요. 이어서, 동작에서 자신 위치로 이동하기 를 안쪽에 연결하고 **구름**으로 변경해요.

TIP '조준' 변수 값(기본 3개)이 '0' 보다 크거나 같을 경우 Space Bar 를 누르면 '공'이 '구름' 위치로 이동하였다가 손을 떼면 위로 올라가요. 즉, 원하는 '몬스터'를 조준하여 맞출 수 있어요.

미션 해결하기

① Space Bar 를 눌러 조준사격을 할 때 '공'이 위로 올라갈 수 있도록 블록을 추가해 보세요.

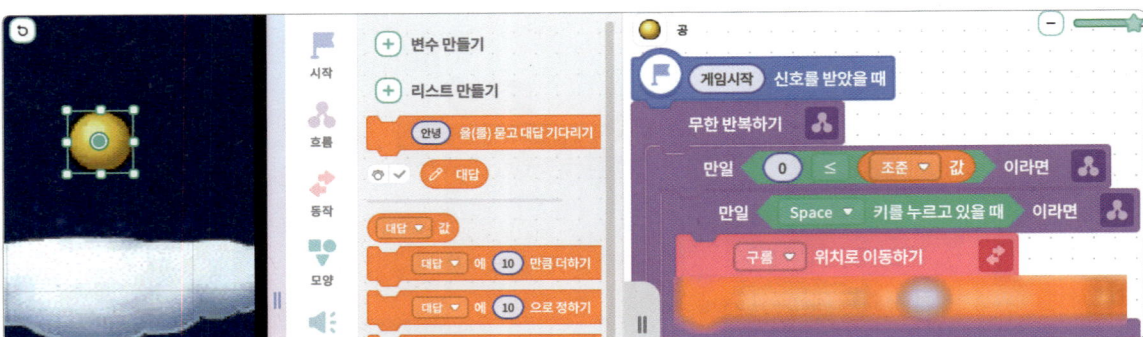

> **Hint**
> 공이 위로 올라갈 때는 '공 위-아래 이동' 변수 값이 '1'로 정해져야 해요.

② '남은개수' 변수가 '5'일 경우 '블랙홀' 오브젝트가 무작위 x-y 위치로 이동하도록 반복하기 안쪽에 코드를 추가해 보세요.

> **Hint**
> 몬스터의 '남은개수'가 '5'가 되면 '블랙홀' 오브젝트를 무작위 x(-1200, 1200)-y(800, 0) 좌표 위치로 이동시키고, '블랙홀'이 '공' 오브젝트에 닿으면 '별' 오브젝트로 신호를 보내요.

③ 시작하기()를 눌러 30개의 '몬스터'와 '대장' 오브젝트를 '공'으로 파괴해 보세요.

> **Hint**
> ❶ '공'이 '구름'에 닿을 때 →를 누르면 '공'을 오른쪽 위로 이동시킬 수 있어요.
> ❷ '공'이 '구름'에 닿을 때 ←를 누르면 '공'을 왼쪽 위로 이동시킬 수 있어요.
> ❸ Space Bar 를 눌렀다 떼면 '공'을 '구름' 위치로 이동시킨 원하는 위치에서 발사할 수 있어요.
> ❹ '몬스터' 개수가 '0'이 되면 '대장' 몬스터가 나타나요.

몬스터 전쟁-1

- '용'을 복제하여 지정된 위치까지 이동시킨 후 '건물'을 공격합니다.
- 복제된 '용'에 '폭탄2'가 닿으면 모양을 변경한 후 해당 복제본을 삭제합니다.
- '용' 오브젝트의 코드를 복사하여 '좀비'에 붙여 넣은 후 코드를 수정합니다.

📁 소스파일 23차시 소스파일.mod   📁 정답파일 23차시 정답파일.mod

주요 오브젝트

오브젝트	설명
용	• 복제본을 만들어 이동하다가 지정된 x좌표 위치에서 '건물공격1' 신호를 보내고 '건물'을 공격해요. • 이동하는 도중에 '폭탄2'에 닿으면 해당 복제본을 삭제해요.
좀비	• 복제본을 만들어 이동하다가 지정된 x좌표 위치에서 '건물공격2' 신호를 보내고 '건물'을 공격해요. • 이동하는 도중에 '폭탄1'에 닿으면 해당 복제본을 삭제해요.
건물	'건물공격2' 신호를 받으면 좌-우로 건물이 흔들려요.
불	'건물공격1' 신호를 받으면 건물에 불이 붙어요.

Step 01 복제된 '용'을 지정된 위치까지 이동시켜 '건물' 공격하기

1. **23차시 소스 파일**을 불러와 월드 이름(23차시)을 입력한 후 <확인>을 클릭해요.

2. 실행화면 또는 오브젝트 목록에서 **용**을 선택하고 [시작]에서 [복제본이 처음 생성되었을 때]을 드래그한 후 [모양]에서 [좌우 오브젝트 뒤집기]를 연결해요.

TIP '용' 오브젝트에는 6~10초 사이의 간격으로 자신을 복제하는 코드가 작성되어 있어요.

3. [흐름]에서 [무한 반복하기]를 연결한 후 [동작]에서 [x좌표를 10 만큼 바꾸기]를 안쪽에 연결해요. 이어서, [계산]에서 [1 부터 1 사이의 무작위 수]를 10에 끼워 넣은 후 1과 10으로 변경해요.

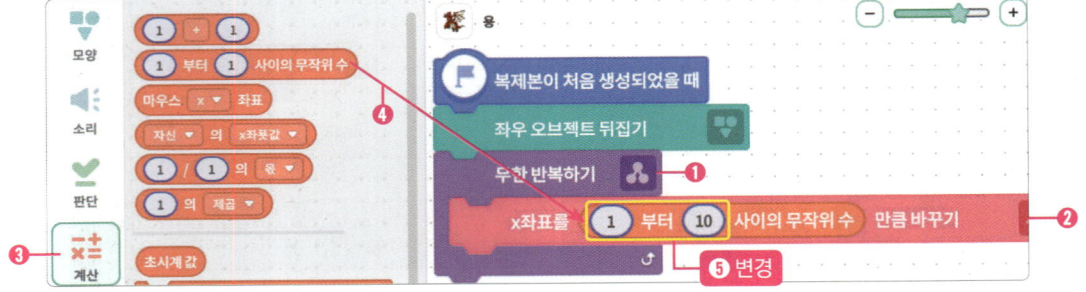

TIP '용' 오브젝트가 복제되면 x좌표를 '1~10' 사이의 무작위 수만큼 바꿔가며 오른쪽으로 계속 이동해요.

4. [흐름]에서 [만일 참 이라면]을 연결한 후 [판단]에서 [1 = 1]를 참에 끼워 넣고 **부등호(≤)와 왼쪽 값(900)**을 변경해요. 이어서, [계산]에서 [자신의 x좌푯값]을 오른쪽에 1에 끼워 넣어요.

156

5 모양에서 `기본 모양으로 변경한다`를 안쪽에 연결하여 **공격**으로 변경하고 변수에서 `대답에 10 만큼 더하기`를 연결한 후 **건물에너지**와 **-1**로 변경해요.

TIP 복제된 '용'이 '건물'이 있는 위치(x좌표 : 900)에 도달하면 '공격' 모양으로 변경한 후 '건물에너지' 변수 값을 '1' 감소시켜요.

6 시작에서 `신호 보내기`를 연결한 후 **건물공격2**로 변경해요. 이어서, 흐름에서 `10 초 기다린다`와 `이 복제본 삭제하기`를 연결한 후 초를 **1**로 변경해요.

7 **시작하기(▶)**를 클릭하여 복제된 **용**이 오른쪽으로 이동하다가 '건물' 근처에서 공격을 하는지 확인해 보세요.

TIP 복제된 '용'이 '건물' 위치에 도달하면 '건물공격2' 신호를 보낸 후 해당 복제본을 삭제해요.

 **'건물공격2' 신호**

'용'이 '건물공격2' 신호를 보내면 '불' 오브젝트가 해당 신호를 받아서 건물에 불이 붙은 것처럼 보여준 후 모양을 숨겨요.

 **Step 02** 복제된 '용'에 '폭탄2'가 닿았을 때 해당 복제본 삭제하기

1 시작에서 `복제본이 처음 생성되었을 때`을 드래그한 후 흐름에서 `무한 반복하기`와 `만일 참 이라면`을 연결해요.

2 판단에서 `마우스포인터 에 닿았는가?`를 **참**에 끼워 넣은 후 **폭탄2**로 변경해요.

3 변수에서 `대답 에 10 만큼 더하기`를 안쪽 연결하여 **점수**와 **1**로 변경한 후 모양에서 `기본 모양으로 변경한다`를 연결하고 **죽음**으로 변경해요.

4 흐름에서 `10 초 기다린다`와 `이 복제본 삭제하기`를 연결한 후 초를 **0.5**로 변경해요.

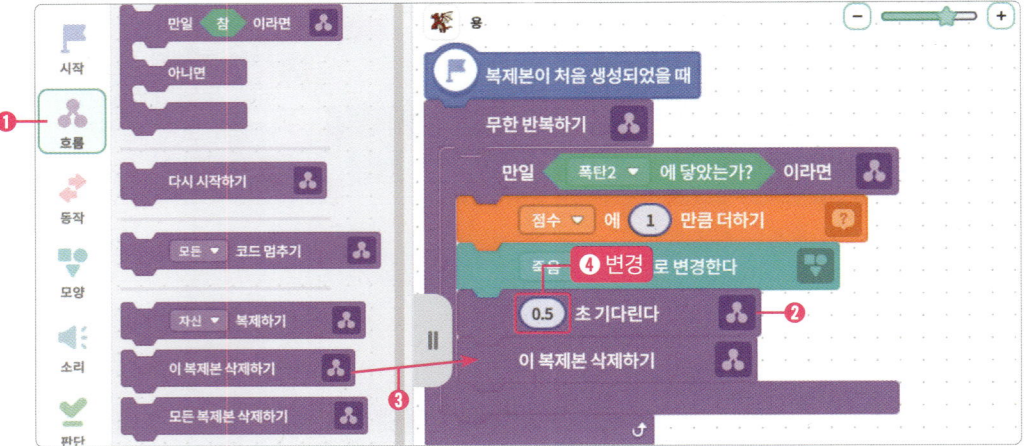

TIP 복제된 '용'이 '폭탄2'에 닿으면 점수를 '1' 증가시킨 후 모양을 변경하고 해당 복제본을 삭제해요.

Step 03 · '용'의 코드를 복사하여 '좀비'에 붙여넣고 수정하기

1 **용** 오브젝트에서 `건물공격2 신호 보내기`가 포함된 코드의 `복제본이 처음 생성되었을 때` 위에서 마우스 오른쪽 버튼을 눌러 **[여기부터 복사]**를 클릭해요. 실행화면 또는 오브젝트 목록에서 **좀비**를 선택한 후 마우스 오른쪽 버튼을 눌러 **[복사한 내용을 붙여넣기]**를 클릭해요.

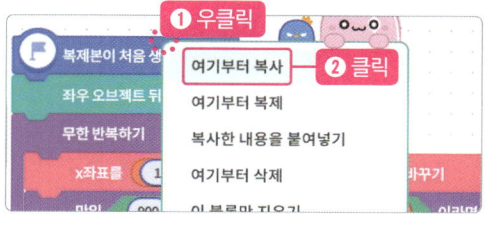 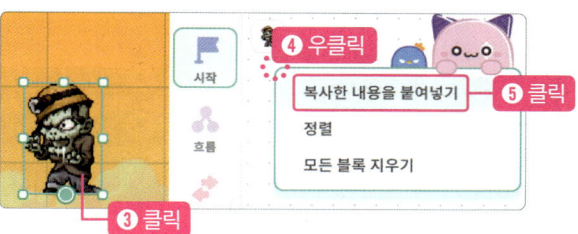

2 **좀비** 오브젝트에 코드가 복사되면 신호를 **건물공격1**로 변경해요.

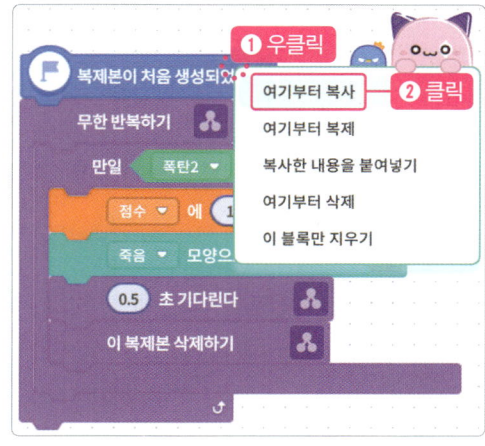

3 똑같은 방법으로 `폭탄2 에 닿았는가?`가 포함된 코드를 복사하여 붙여넣은 후 **폭탄1**로 변경해요.

▲ '용' 오브젝트   ▲ '좀비' 오브젝트

4 시작하기(▶)를 클릭하여 **용**과 **좀비**가 복제되어 오른쪽으로 이동하다가 '건물' 근처에서 공격을 하는지 확인해 보세요.

① '건물' 오브젝트에 '건물공격1' 신호를 받았을 때 '1'초를 기다리도록 코드를 작성해 보세요.

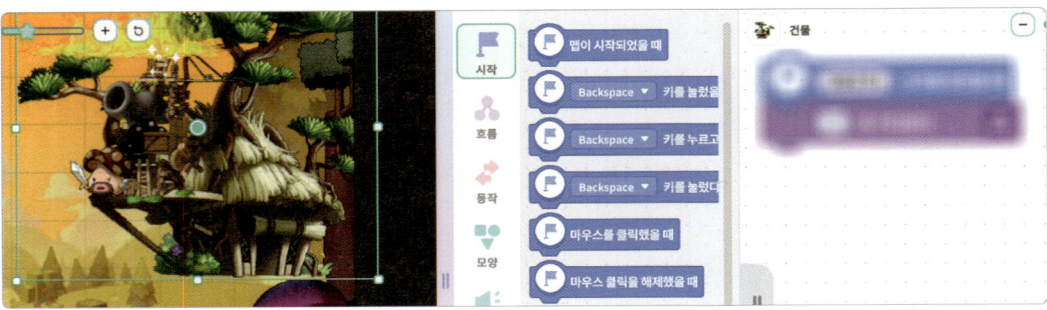

🌱 **Hint**
복제된 '좀비'가 건물 근처(x좌표 900)에 와서 '건물공격1' 신호를 보내면 '1'초 후에 '건물'이 좌-우로 흔들리도록 코드를 작성해야 해요.

② '건물' 오브젝트가 좌-우로 0.03초 간격으로 총 5번 흔들리도록 아래쪽에 코드를 추가해 보세요.

🌱 **Hint**
'건물'에 흔들리는 효과를 주기 위해 x좌표를 '5'만큼 바꾼 후 '0.03'초를 기다렸다가 다시 '-5'만큼 바꾼 후 0.03초를 기다려요. 짧은 시간 동안 좌-우로 빠르게 흔들려야 하기 때문에 반복 횟수는 '5'로 지정해요.

③ 시작하기()를 눌러 복제된 '용'과 '좀비'가 '건물' 근처에 왔을 때 공격을 하는지 확인해 보세요.

🌱 **Hint**
❶ 복제된 '용'이 '건물' 근처(x좌표 900)에 와서 '건물공격2' 신호를 보내면 '불' 오브젝트가 해당 신호를 받아서 '건물'에 불이 붙은 것처럼 보여줘요.
❷ 복제된 '좀비'가 '건물' 근처(x좌표 900)에 와서 '건물공격1' 신호를 보내면 '건물' 오브젝트가 해당 신호를 받아서 '건물'이 좌-우로 흔들리게 보여줘요.

몬스터 전쟁-2

- 글자에 애니메이션 효과를 적용하여 게임 타이틀을 만들 수 있습니다.
- 변수에 맞추어 특정 키를 눌렀을 때 폭탄을 지정된 좌표로 이동하게 만들 수 있습니다.
- '폭탄'이 발사되었을 때 '발사기'를 좌-우로 움직이게 할 수 있습니다.

📁 **소스파일** 24차시 소스파일.mod   📁 **정답파일** 24차시 정답파일.mod

주요 오브젝트

오브젝트	설명
T 타이틀	플레이가 시작되면 게임 타이틀인 '몬스터 전쟁!'을 애니메이션 효과가 적용된 글자처럼 보여줘요.
T 서브 타이틀	게임 타이틀 글자가 모두 표시되면 바로 이어서 게임 서브 타이틀인 '(Monster war)' 글자를 보여줘요.
🟡 폭탄2	• F 를 누르면 11시 방향으로 '폭탄2'를 발사할 수 있어요. • '폭탄2'가 '용'이 닿으면 다시 발사할 수 있도록 원래 위치로 돌아와요.
🔴 폭탄1	• D 를 누르면 '폭탄1'을 발사할 수 있으며, 방향키(←, ↓)를 이용하여 조종할 수 있어요. • '폭탄1'이 '좀비' 또는 '괴물' 닿으면 다시 발사할 수 있도록 원래 위치로 돌아와요.
🤖 발사기	폭탄이 발사되면 좌-우로 1번 이동해요.

24 몬스터 전쟁-2 161

게임 메인 타이틀 만들기

1 **24차시 소스 파일**을 불러와 월드 이름(24차시)을 입력한 후 <확인>을 클릭해요.

2 실행화면 또는 오브젝트 목록에서 **타이틀**을 선택하고 [시작]에서 [맵이 시작되었을 때]를 드래그한 후 [동작]에서 [x: 10 y: 10 좌표로 이동하기]를 연결하고 **x(0)**와 **y(500)** 좌표를 변경해요.

3 [글자]에서 [글자 내용 모두 지우기]를 연결하고 [변수]에서 [대답에 10으로 정하기]를 연결한 후 **글자**와 **0**으로 변경해요.

TIP 맵이 시작되면 지정된 x-y 좌표 위치로 이동하고 기존 글자 내용(Text)을 모두 지운 후 '글자' 변수 값을 '0'으로 정해요.

4 [흐름]에서 [3회 반복하기]를 연결하여 반복 횟수를 **7**로 변경한 후 [글자]에서 [새로운 내용 값을 글자 내용에 이어쓰기]를 안쪽에 연결해요.

5  에서 `헬로메이플의 1번째 글자`를 **내용**에 끼워 넣은 후 `1 + 1`을 왼쪽 1에 끼워 넣어요.

6 에서 `글자`를 왼쪽 1에 끼워 넣고 내용을 **몬스터 전쟁!**으로 변경해요. 이어서, 에서 `10 초 기다린다`와 에서 `대답에 10 만큼 더하기`를 연결한 후 **초(0.4)**와 **변수(글자, 1)**를 변경해요.

 **애니메이션 효과 글자 만들기**

① '몬스터 전쟁!'이라는 문장은 총 7글자이기 때문에 반복 횟수를 7로 정해요.
② 처음에 글자 변수 값을 0으로 정하고, 첫 번째 반복에서는 1번째 글자(몬)만 화면에 보여줘요.
③ 0.4초를 기다린 뒤 글자 값에 1을 더해서 두 번째 글자까지(몬스) 나타나게 해요.
④ 이런 방식으로 0반복할 때마다 글자가 하나씩 늘어나서 마지막에는 전체 문장이 완성돼요.

7 서브 타이틀 글자가 나올 때까지 기다려야 하기 때문에  를 연결한 후 초를 **5.9**로 변경해요.

8 **시작하기**(▶)를 클릭하여 애니메이션 효과가 적용된 것처럼 글자가 나오는지 확인해 보세요.

Step 02 코드를 복제하여 게임 서브 타이틀 만들기

1  **맵이 시작되었을 때** 위에서 마우스 오른쪽 버튼을 눌러 **[여기부터 복사]**를 클릭해요. 실행화면 또는 오브젝트 목록에서 **서브 타이틀**을 선택한 후 마우스 오른쪽 버튼을 눌러 **[복사한 내용을 붙여넣기]**를 클릭해요.

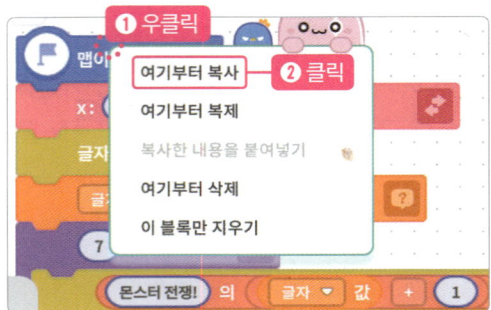

2 **서브 타이틀**에 코드가 복사되면 아래 그림을 참고하여 **블록을 추가**하고 **값**과 **내용**(Monster war)을 변경한 후 시작하기(▶)를 클릭하여 확인해요.

TIP 블록 추가

Step 03 '폭탄2' 오브젝트에 코드 작성하기

1 실행화면 또는 오브젝트 목록에서 **폭탄2**를 선택하고 [시작]에서 [임의의 신호를 받았을 때]를 드래그한 후 신호 이름을 **게임시작**으로 변경해요. 이어서, [흐름]에서 [무한 반복하기]와 [만일 참 이라면]을 연결해요.

2 [판단]에서 〈참 그리고 참〉을 **참**에 끼워 넣은 후 〈Backspace 키를 누르고 있을 때〉와 〈1 = 1〉을 양쪽에 **참**에 끼워 넣고 키는 F 오른쪽 숫자는 **0**으로 변경해요.

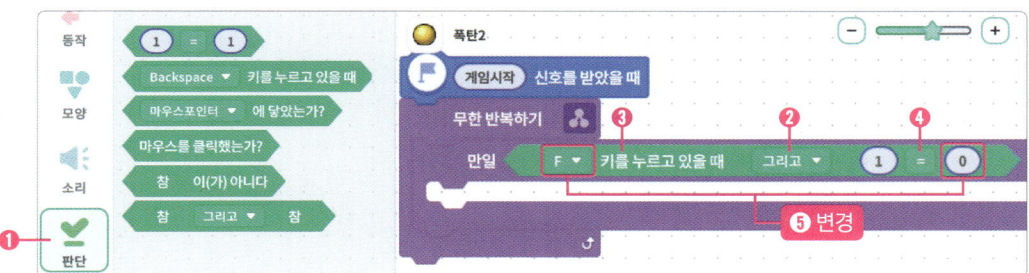

3 [변수]에서 [폭탄2발사]를 1에 끼워 넣고 [대답에 10으로 정하기]를 안쪽에 연결한 후 **폭탄2발사**와 **1**로 변경해요.

TIP '폭탄2'는 '폭탄2발사' 변수 값이 '0'일 때만 F 를 눌러 발사할 수 있으며, 발사와 동시에 '폭탄2발사' 변수 값은 '1'로 정해지기 때문에 F 를 눌러도 연속으로 발사할 수 없어요.

4 에서 x: 10 y: 10 좌표로 이동하기 를 연결하여 x(884)와 y(8) 좌표를 변경해요. 이어서, 10 초 동안 x: 10 y: 10 만큼 움직이기 를 연결한 후 초(1)와 x(-500), y(300) 좌표를 변경해요.

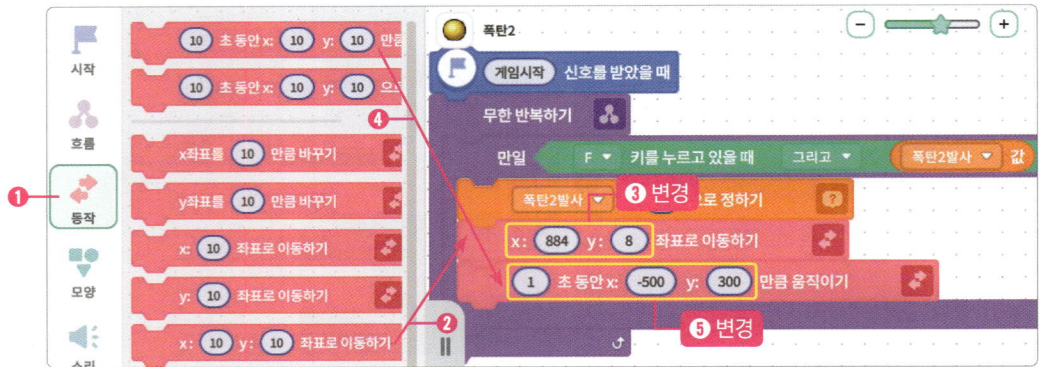

TIP F를 누르면 '폭탄2' 오브젝트가 지정된 x-y 좌표(대포 위치)로 이동한 후 1초 동안 11시 방향으로 날아가요.

5 에서 만일 참 이라면 을 연결한 후 에서 마우스포인터 에 닿았는가? 를 참에 끼워 넣은 후 **용**으로 변경해요.

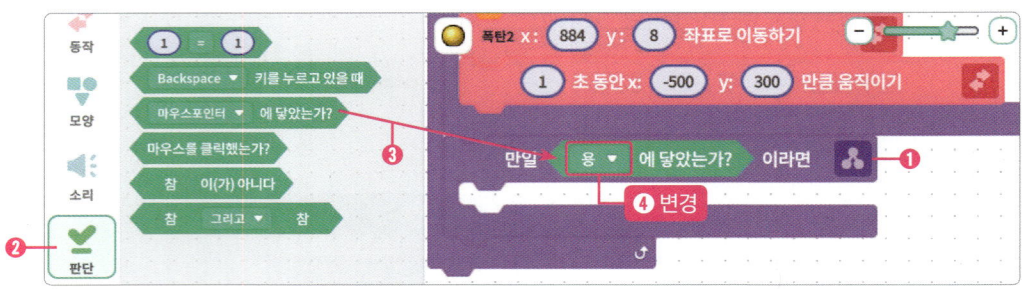

6 에서 x: 10 y: 10 좌표로 이동하기 를 안쪽에 연결하여 x(884)와 y(8) 좌표를 변경한 후 에서 대답 에 10 으로 정하기 를 연결하고 **폭탄2발사**와 **0**으로 변경해요.

TIP 발사된 '폭탄2' 오브젝트가 '용'에 닿으면 지정된 x-y 좌표(대포 위치)로 이동한 후 다시 발사할 수 있도록 '폭탄2발사' 변수를 '0'으로 정해요.

7 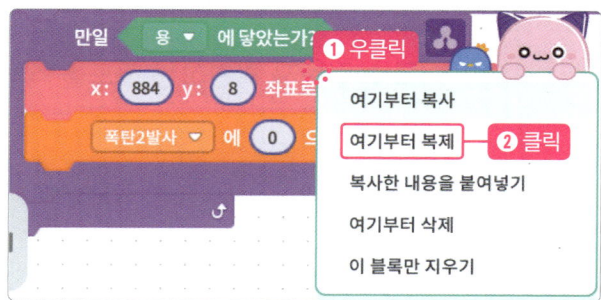 위에서 마우스 오른쪽 버튼을 눌러 [여기부터 복제]를 클릭한 후 복제된 코드를 **만일 ~이라면** 아래쪽 연결해요.

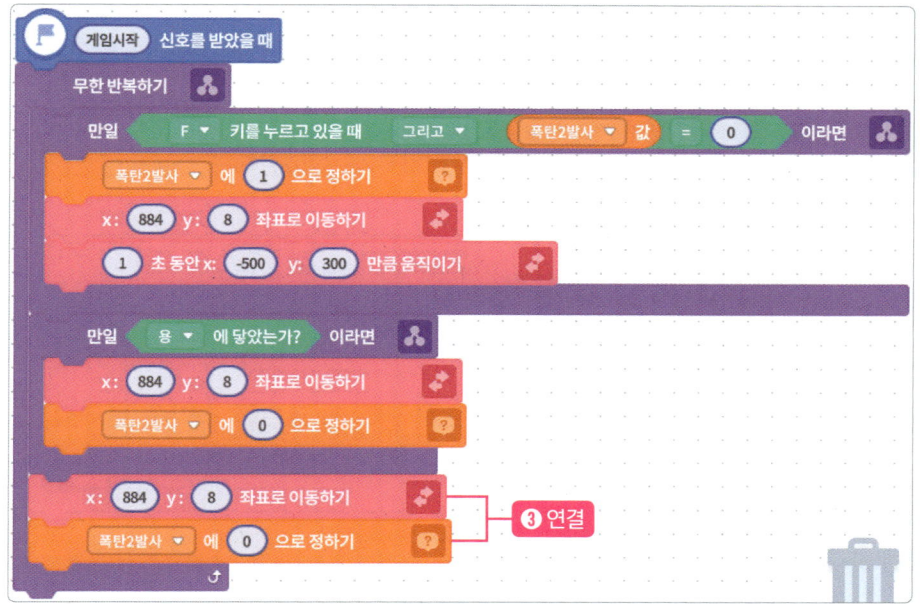

TIP '용'에 닿지 않고 날아간 폭탄은 다시 x:884, y:8 위치(대포 위치)로 돌아와 다음 폭탄을 발사할 수 있도록 '폭탄2발사' 변수 값을 '0'으로 정해요.

8 시작하기(▶)를 클릭한 후 F 를 눌러 '폭탄2'를 발사해 보세요.

 **폭탄1, 폭탄2 발사**

❶ '폭탄1'은 땅으로 다가오는 '좀비'와 '괴물'을 물리칠 때 사용하는 폭탄으로 D 를 눌러 발사할 수 있어요. '폭탄1'은 발사 후에 방향키(←, ↓)를 이용하여 목표물을 맞출 수 있어요.

❷ '폭탄2'는 하늘에서 다가오는 '용'을 물리칠 때 사용하는 폭탄으로 F 를 눌러 발사할 수 있어요. '폭탄2'는 방향키로 조종할 수 없고 항상 11시 방향으로만 발사돼요.

❸ 폭탄 발사는 변수를 이용하여 제어하기 때문에 '폭탄1'과 '폭탄2' 모두 연속으로 발사할 수 없어요.

미션 해결하기

① '발사기' 오브젝트에서 '게임시작' 신호를 받았을 때 D 또는 F 를 눌렀는지 확인하는 코드를 작성해 보세요.

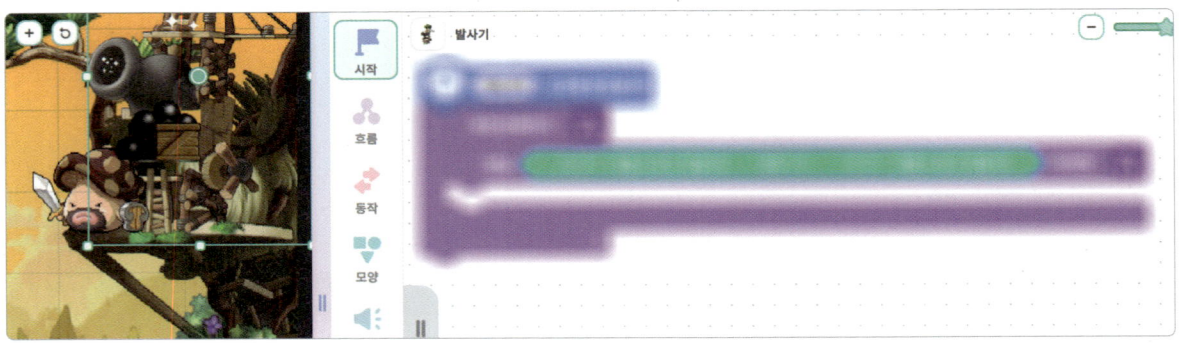

🌱 **Hint**
'게임시작' 신호를 받았을 때 D 또는 F 가 눌러졌는지 계속 확인해야 해요.

② D 또는 F 를 눌렀을 때 0.3초 동안 좌-우로 20만큼 움직이도록 안쪽에 코드를 추가해 보세요.

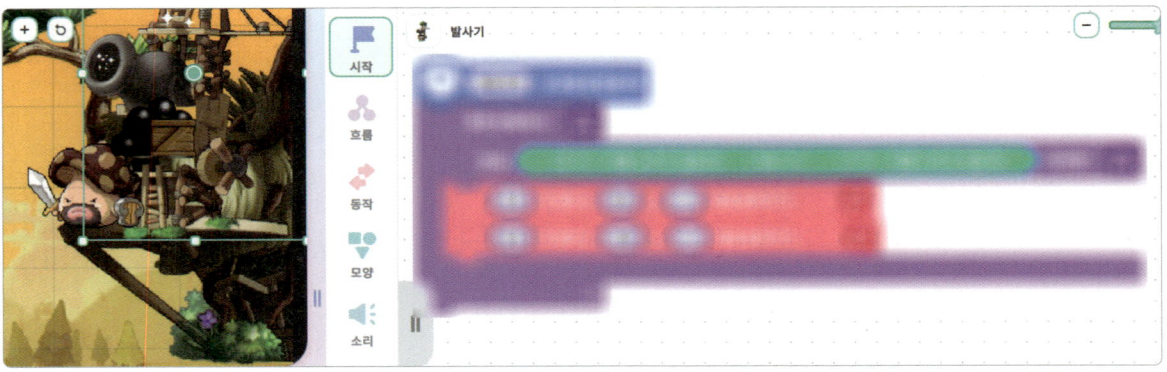

🌱 **Hint**
폭탄을 발사했을 때 '발사기'가 좌-우로 움직이는 효과를 주기 0.3초 동안 x좌표를 20만큼 움직인 후 다시 0.3초 동안 x좌표를 -20만큼 움직이도록 명령 블록을 추가해요. 단, y 좌표는 움직임이 없기 때문에 '0'으로 지정해요.

③ 시작하기()를 눌러 '폭탄1'과 '폭탄2'를 이용하여 몬스터를 물리쳐보세요.

🌱 **Hint**
하늘에서 날아오는 '용'은 F 를 눌러 공격하고, 땅에서 걸어오는 '좀비'와 '괴물'은 D 를 눌러 공격해요. D 로 폭탄을 발사한 뒤에는 ← 로 속도를 빠르게 조절하고, ↓ 로 방향을 바꿀 수 있어요. '괴물'은 폭탄을 두 번 맞아야 실행 화면에서 사라져요.